!

ver!ssimo

© 2002 by Luis Fernando Verissimo

Todos os direitos desta edição
reservados à Editora Objetiva Ltda.,
rua Cosme Velho, 103
Rio de Janeiro - RJ - CEP: 22241-090
Tel.: (21) 2556-7824
Fax: (21) 2556-3322
www.objetiva.com.br

Coordenação editorial
Isa Pessôa

Capa e projeto gráfico
Pós Imagem Design

Escultura e ilustração
Ricardo Leite / Pós Imagem Design

Foto da escultura
Marcelo Corrêa

Fotos Verissimo
Simone Rodrigues

Revisão
Neusa Peçanha
Renato Bittencourt

Editoração eletrônica
FA Editoração

V517s
    Verissimo, Luis Fernando
        Sexo na cabeça / Luis Fernando Verissimo — Rio de Janeiro:
Objetiva, 2002

    148 p.
    ISBN 85-7302-443-7

    1. Literatura brasileira - Crônicas. I. Titulo
                                        CDD B869.4

LUIS FERNANDO
ver!ssimo
Sexo na Cabeça

OBJETIVA

*"Você tem sexo na cabeça, rapaz.
E aí, definitivamente, não é o lugar dele."*
Mae West

Sumário

Nádegas redolentes, 15
Dou fé, 19
A angústia das savanas, 21
Sexo à distância (1), 23
Códigos, 25
Outros tabus, 27
Galhardo, 29
Seios e Rembrandts, 33
Definições, 35
Namoro, 39
Eva, 41
A cláusula do elevador, 43
Sexo e futebol, 45
Primatas, 47
A história pronta, 49
Playboy, 53
Uma história sutil, 55
Pêlos pubianos (1), 59
A terra árida, 61
Mulheres, 73
Boca aberta, 75
Trissexual, 77
Cabelos felizes, 81
Outro assunto, 83
Grunhido eletrônico, 85
Tesouro, 89

Emoção, 93
Farsa, 95
Pêlos pubianos (2), 101
As outonais, 103
O poeta, 105
Aquilo, 107
Brindes, 109
Mulheres bonitas, 113
A escolha, 115
Sexo à distância (2), 117
Cuidado com o que você pede..., 119
Fase 4, 121
Conto erótico, 125
Explícito, 129
Pílulas, 133
Laurita, 135
O travesseiro de Lenny Bruce, 137
Conselho de mãe, 139
Revolução, 143
É nessas horas, 145
Substituto de mulher, 147

Lembro-me como se fosse há oito bilhões de anos. Eu era uma célula recém-chegada do fundo do miasma e ainda deslumbrado com a vida agitada da superfície, e você era de lá, um ser superficial, vivida, viciada em amônia, linda, linda. Nós dois queríamos e não sabíamos o quê. Namoramos um milhão de anos sem saber o que fazer, aquela ânsia. Deve haver mais do que isto, amar não deve ser só roçar as membranas. Você dizia "Eu deixo, eu deixo", e eu dizia "O quê? O quê?", até que um dia. Um dia minhas enzimas tocaram as suas e você gemeu, meu amor, "Assim, assim!". E você sugou meu aminoácido, meu amor. Assim, assim. E de repente éramos uma só célula. Dois núcleos numa só membrana até que a morte nos separasse. Tínhamos inventado o sexo e vimos que era bom. E de repente todos à nossa volta estavam nos imitando, nunca uma coisa pegou tanto. Crescemos, multiplicamo-nos e o mar borbulhava. O desejo era fogo e lava e o nosso amor transbordava. Aquela ânsia. Mais, mais, assim, assim. Você não se contentava em ser célula. Uma zona erógena era pouco. Queria fazer tudo, tudo. Virou ameba. Depois peixe e depois réptil, meu amor, e eu atrás. Crocodilo, elefante, borboleta, centopéia, sapo e de repente, diante dos meus olhos, mulher. Assim, assim! Deus é luxúria, Deus é a ânsia. Depois de bilhões de anos Ele acertara a fórmula. "É isso!", gritei. "Não mexe em mais nada!"

— Quem sabe mais um seio?
— Não! Dois está perfeito.
— Quem sabe o sexo na cabeça?
— Não! Longe da cabeça. Quanto mais longe melhor!
Linda, linda. Mas algo estava errado. Não foi como antes.
— Foi bom?
— Foi.
— Qual é o problema?
— Não tem problema nenhum.
— Eu sinto que você está diferente.
— Bobagem sua. Só um pouco de dor de cabeça.
— No caldo primordial você não era assim.
— A gente muda, né? Nós não somos mais amebas.

E vimos que era complicado. Nunca reparáramos na nossa nudez e de repente não se falava em outra coisa. Você cobriu seu corpo com folhas e eu construí várias civilizações para esconder o meu. "Eu deixo, eu deixo — mas não aqui." Não agora. Não na frente das crianças. Não numa segunda-feira! Só depois de casar. E o meu presente? Depois você não me respeita mais. Você vai contar para os outros. Eu não sou dessas. Só se você usar um quepe da Gestapo. Você não me quer, você quer é reafirmar sua necessidade neurótica de dominação machista, e ainda por cima usando as minhas ligas pretas. O quê? Não faz nem três anos que mamãe morreu! Está bem, mas sem o chicote. Eu disse que não queria o sexo na cabeça, Senhor!

— Nós somos como frutas, minha flor.
— Vem com essa...

— A fruta, entende? Não é o objetivo da árvore. Uma laranjeira não é uma árvore que dá laranjas. Uma laranjeira é uma árvore que só existe para produzir outras árvores iguais a ela. Ela é apenas um veículo da sua própria semente, como nós somos a embalagem da vida. Entende? A fruta é um estratagema da árvore para proteger a semente. A fruta é uma etapa, não é o fim. Eu te amo, eu te amo. A própria fruta, se soubesse a importância que nós lhe damos, enrubesceria como uma maçã na sua modéstia. Deixa eu só desengatar o sutiã. A fruta não é nada. O importante é a semente. É a ânsia, é o ácido, é o que nos traz de pé neste sofá. Digo, nesta vida. Deixa, deixa. A flor, minha fruta, é um truque da planta para atrair a abelha. A própria planta é um artifício da semente para se recriar. A própria semente é apenas a representação externa daquilo que me trouxe à tona, lembra? A semente da semente, chega pra cá um pouquinho. Linda, linda. Pense em mim como uma laranja. Eu só existo para cumprir o destino da semente da semente da minha semente. Eu estou apenas cumprindo ordens. Você não está me negando. Você está negando os desígnios do Universo. Deixa.

— Está bem. Mas só tem uma coisa.

— O quê?

— Eu não estou tomando pílula.

— Então nada feito.

Mais, mais. Um dia chegaríamos a uma zona erógena além do Sol. Como o pólen, meu amor, no espaço. Roçaríamos nossas membranas de fibra de vidro, capacete a capacete, e nossos tubos de oxigênio se enroscariam e veríamos que era difícil. Eu manipularia a sua bateria seca e você gemeria como um besouro eletrônico. Asssssiiiim. Asssssiiiim.

Um dia estaríamos velhos. Sexo, só na cabeça. As abelhas andariam a pé, nada se recriaria, as frutas secariam. Eu afundaria na memória, de volta às origens do mundo. (O mar tem um deserto no fundo.) Uma casca morta de semente, por nada, por nada. Mas foi bom, não foi?

Nádegas redolentes

Ela era irresistível quando acordava. Tinha até um cheiro diferente, que desaparecia no resto do dia. Um cheiro morno. Cheiro de leite morno, era isso. Com um inexplicável toque de baunilha. Mas ela acordava de mau humor. Quente, cheirosa, apetitosa e emburrada. Nem deixava ele beijá-la na boca. "Eu ainda não escovei os dentes!" E se ele tentasse beijar o seu umbigo (noz-moscada, possivelmente canela), ela lhe dava um chute.

Não eram só os cheiros. Ela acordava fisicamente diferente. A cara maravilhosamente inchada, a boca intumescida, como a de certas meninas do Renoir. No resto do dia ia alongando-se, modiglianizando-se, mas de manhã era uma camponesa compacta, com fantásticas olheiras roxas. Ele não sabia explicar. Ela era uma mulher delgada, de pernas compridas, mas de manhã tinha as pernas grossas. E ou ele muito se enganava ou até a bunda ela perdia, de dia. A bunda. As nádegas redolentes. "Mmmmm... Ervas aromáticas. Um quê de sândalo..."

— Pá-ra.

De noite, ela insistia e o emburrado era ele. Ela tomava banho, botava uma camisola transparente e deitava ao lado dele, toda certinha, penteado perfeito. Ele não podia dizer que gostava mesmo era quando ela acordava com a camisola toda torta, com uma alça enroscada nas pernas, nas doces pernocas matinais. Ele ficava lendo, ela ficava esperando. Cheirando a sabonete e esperando. Tentava começar uma brincadeira, cutucando-o com o pé. Cantarolava no seu ouvido — "Ele já não gosta mais de mim, que pena, que pe-e-na..." Ele continuava lendo até que ela desistisse e dormisse. Ele não queria nada com aquela pessoa que virava as pestanas antes de ir para a cama. Queria era a camponesa da manhã. Sonhava com a sua camponesa irritada.

A tese dela era que, antes de escovar os dentes e tomar café, uma pessoa não é uma pessoa, é uma coisa. Pode evoluir para uma pessoa se fizer um esforço, mas é um processo lento e difícil que requer concentração, e exclui qualquer forma de digressão, ainda mais sexual. Comparava o sono a um acidente ao qual a gente sobrevive, mas leva meio dia para se recuperar. E o desejo dele de possuí-la antes de escovar os dentes a uma tara indefensável, quase a uma forma de necrofilia. "Sai, sai!" E levantava-se, tentando encontrar as pontas da camisola, puxando uma alça do meio das pernas com fúria. Quando chegava à porta do banheiro, já era uma mulher comprida. E ele ficava cheirando o travesseiro ainda quente. Mmmm. Baunilha, decididamente baunilha.

Uma noite, ela disse:

— Eu acho que você tem outra. Acho que você está pensando nela neste momento. Fingindo que lê e pensando nela. Diz que não!

Ele não disse que não. Estava pensando nela, de manhã. A sua outra, a sua inatingível outra, a das pernocas, a da baunilha. Mas ela não precisava se preocupar, pensou. Nunca seria enganada. A outra não queria nada com ele.

— Apaga a luz, apaga.

Ele suspirou, fechou o livro, apagou a luz. Enquanto faziam amor, ele tentava imaginar que ela era a outra. Mas o cheiro de sabonete atrapalhava.

Dou fé

Vinte e seis horas. Era o que durava a viagem de ônibus para o Rio. Sem diploma de nada, sem muita idéia do que pretendia da vida, eu resolvera deixar Porto Alegre e ir ser indeciso num lugar maior: o mundo. Começando pelo Leme, onde uma tia querida me deu cama e comida. Objetivo imediato: ganhar dinheiro. Objetivo secundário: ir para Londres, como todo mundo. Vago objetivo final: fazer alguma coisa em cinema, se dirigir filmes ou vender pipocas, o destino é que diria.

Um companheiro de vagabundagem e ambições difusas em Porto Alegre, o Machado, tinha feito a mudança antes, e encontrei-o cheio de planos para vencer no Rio, começando por uma indústria de máscaras para dormir, fáceis de fazer porque dispensavam os furos. Nem esta idéia nem as várias outras que tivemos bebendo "gin fizz" na varanda do Hotel Miramar, onde se reuniam gaúchos na mesma situação que nós, e onde a frase mais repetida, para nos convencermos de que a disponibilidade sexual do Rio compensava tudo, era "Haja pau", deram certo. Também nos faltava capital. Quem não tinha tia comia na "Espaguetilândia" ou no Beco da Fome da Prado Júnior. O "gin fizz" no fim da tarde era a nossa única extravagância, nosso único desfrute da mágica de estar em Copacabana.

O Machado era um virador. Com boa aparência e boa conversa, metia-se onde quisesse e às vezes me levava junto, e um dia nos vimos convivendo com um grupo internacional que fazia um filme chamado, se não me falha a memória, o que eu duvido, *Copacabana Palace*. E o Machado namorou a Mylene Demongeot. E fez grande sucesso na varanda do Hotel Miramar contando que tinham chegado às vias. Como eu não tinha visto, não podia confirmar o feito, e só dei fé por amizade. Comeu, comeu. Anos mais tarde, reencontrei o Machado e ele me contou que era escultor, com uma grande reputação mundial. Certo, certo, disse eu, lembrando-me afetuosamente do seu passado de contador de vantagens improváveis. Pouco depois entrei numa exposição de fotografias de "Artistas do século", e lá estava, entre fotos gigantescas do Matisse e do Picasso, uma foto gigantesca do Machado!

Ninguém entendeu o comentário que fiz diante da foto, depois de me recuperar da surpresa.

— Ele comeu mesmo!

A angústia das savanas

Uma das tantas teorias sobre o começo da civilização é a da angústia do pênis exposto. Quando os primeiros hominídeos desceram das árvores e foram viver na savana, uma das conseqüências de andarem eretos e terem que se espichar para pegar as frutas foi que seus órgãos sexuais ficaram expostos ao escrutínio público. Antes de darem às fêmeas, ou aos mulherídios, a chance de organizarem uma sociedade de acordo com a sua observação da novidade e determinarem que os mais potentes teriam o poder — o que inviabilizaria qualquer tipo de hierarquia baseada na inteligência e, principalmente, na antigüidade, além de decretar o fim da linhagem dos pintos pequenos, que nunca se reproduziriam —, os machos tomaram providências, começando por tapar suas vergonhas. A civilização começou pelas calças, ou o que quer que fosse a moda de tapa-sexos nas savanas. E tudo que veio depois — a linguagem, o fogo, a roda, a escrita, a agricultura, a indústria, a ciência, as nações, as guerras, todas as afirmações masculinas que independem do pinto — foi, de um jeito ou de outro, uma extensão das primeiras calças. Um disfarce, um estratagema do macho para roubar da fêmea o seu papel natural de guiar a espécie escolhendo o reprodutor que lhe serve pelas suas credenciais mais evidentes, e não pelas suas poses ou poemas. Toda a nossa cultura misógina vem do pavor da mulher que quer retomar seu poder pré-histórico e, não sendo nem prostituta nem nossa santa mãe, nos tirar as calças. Todo o nosso drama milenar foi resumido num pequeno auto admonitório: Yoko Ono seduzindo John Lennon e desfazendo uma idílica ordem fraternal, quase destruindo um mundo. E o que é a supervalorização da virgindade e a estigmatização civil do adultério, como constam na lei brasileira, senão uma tentativa de garantir que a mulher só descubra o tamanho do pênis do marido quando não pode fazer mais nada a respeito? Continuaríamos vivendo a angústia das savanas.

Independentemente das teorias, a virgindade é um tema para muitas divagações. Ninguém, que eu saiba, ainda examinou a fundo, sem trocadilho, todas as implicações do hímen, inclusive filosóficas. Já vi o hímen — que, salvo grossa desinformação anatômica, não tem qualquer outra função biológica a não ser a de lacre — descrito como a prova de que o Universo é moralista. E, levando-se em conta a dor do defloramento e mais as agruras da ovulação e do parto em comparação com a vida sexual fácil e impune do homem, também é misógino. Mas em comparação com o que a mulher, historicamente, sofreu num mundo dominado por homens e seus terrores, o que ela sofre com a Natureza é pinto. Com trocadilho.

Sexo à distância (1)

O sexo seguro tornou-se muito importante e nada é mais seguro do que o sexo feito à distância, sem a necessidade de contato pessoal. Sexo à distância pode ser praticado de várias formas e a literatura já antecipa uma delas quando fala de homens que despem as mulheres com os olhos. Isto não é tão fácil quanto parece, principalmente se a mulher estiver usando um daqueles sutiãs presos atrás, o que obriga o homem a segurar o vestido da mulher com os olhos enquanto recorre aos dedos para desengatar o fecho. Outro perigo é o homem, depois de despir a mulher com os olhos, começar a lacrimejar descontroladamente, o que equivale à ejaculação precoce no sexo convencional. A penetração visual também torna-se difícil sem o uso de acessórios, que vão da simples luneta a sofisticados Cateteres de Afrodite com controle remoto, que podem ser manipulados inclusive de outro continente.

O sexo por telepatia ganha adeptos e tem a vantagem de poder ser praticado em qualquer ambiente, em qualquer hora, sem que as pessoas saiam de onde estão. Estabelecido o contato telepático, digamos, num restaurante, nada impede que se passe de uma conversa preliminar para estabelecer o clima ("Vens sempre aqui?" "Gostas do Paulo Coelho?") para o ato, sem outro preparativo. "Estou introduzindo a minha mão sob a sua saia, sinto a sua coxa roliça e quente..."

"Deve haver algum engano. Eu não estou usando saia. Aliás, sou um general reformado."

"Epa! Eu estava falando com a mulher de vermelho atrás do senhor. Dá para transferir?"

O sexo por telepatia também pode ser intercontinental. Homens dotados de grande potência psicossexual, por exemplo, podem projetar sua libido em ondas prospectivas ao redor do mundo como radioamadores e — por que não? — acertar, por assim dizer, na mosca.

"*Yes, this is Sharon Stone. Who's calling?*"

"Sharon Sto... Ahn... Sim... Olha! *Here is Brazilian boy very* como é que se diz? *Very*, ahn, ai meu Deus... Sharon, não desliga!"

Códigos

Dona Paulina ensinou à sua filha Rosário que cada ponto do rosto onde se colocasse uma pinta tinha seu significado. Na face, sobre o lábio, num canto da boca, no queixo, na testa... A pinta, bem interpretada, mostrava quem era a moça, e o que ela queria, e o que esperava de um pretendente. O homem que se aproximasse de uma moça com uma pinta — numa recepção na corte ou numa casa de chá — já sabia muito sobre ela, antes mesmo de abordá-la, só pela localização da pinta. A três metros de distância, o homem já sabia o que o esperava. A pinta era um código, um aviso — ou um desafio.

Anos depois, dona Rosário ensinou à sua neta Margarida que a maneira de usar um leque dizia tudo sobre uma mulher. Como segurá-lo, como abri-lo, sua posição em relação ao rosto ou ao colo, como abaná-lo, com que velocidade, com que olhar... Só pelos movimentos do leque uma mulher desfraldava sua biografia, sua personalidade e até seus segredos num salão, e quem a tirasse para dançar já sabia quais eram as suas perspectivas, e os seus riscos, e o seu futuro.

Muitos anos depois, a Bel explicou para a sua bisavó Margarida que a fatia de *pizza* impressa na sua camiseta com "Me come" escrito em cima não queria dizer nada, mas que algumas das suas amigas usavam a camiseta sem a fatia de *pizza*.

Outros tabus

Já escrevi que a pedofilia era o último tabu sexual, mas é claro que me enganei. Alguns outros ainda resistem. Sexo com frutas e plantas, por exemplo. Você não sabe, mas é mais comum do que se imagina, apesar do tabu. Sei de alguém que chegou a pensar em casar com uma bananeira, só para ter algum tipo de posse legal e evitar que outros a possuíssem. A quem estranhasse sua obsessão, ele respondia:

— É porque você ainda não viu a bananeira.

Devia ser sedutora, mesmo, porque, enlouquecido pelos ciúmes, ele acabou derrubando a bananeira e levando-a para casa. Ela morreu e secou na sua cama, mas pelo menos era só dele. O que faz o amor...

Ouvi de outro que um dia tinha se atracado numa melancia. Não houve amor, foi sexo mecânico, e depois nunca mais se viram. E há os que preferem os legumes. Sei de gente que namora abóboras e até de uma empresária que largou o marido por um pepino, e inclusive o apresentou pros pais. Preciso confessar que uma vez cheguei a flertar com uns brócolis, mas desisti.

Sexo com animais, todos sabem que existe. É mesmo a forma mais convencional de amor não convencional, e o que mais freqüentemente acaba na delegacia, com queixas de assédio sexual a animais de estimação por parte de vizinhos, mesmo que muitas vezes não passe de um galanteio. Mas você sabia que existe sexo com móveis e utensílios domésticos?

Descobri um *site* na Internet só para praticantes de sexo com estofados e artigos para casa e cozinha. Não aderi, mas passei a olhar os móveis da minha casa com outros olhos, pensando em como seria ter sexo com eles. Principalmente uma poltrona jeitozinha, com umas perninhas bem torneadas, que, mesmo sem saber bem por que, eu namorava desde garoto.

No *site,* havia instruções até para sexo com aspirador de pó. Dizem que é inigualável. Mas tabu, tabu. E muito perigoso.

Galhardo

Aconteceu de o grupo ficar hospedado num hotel de Paris em que as paredes eram finas e podia-se ouvir um suspiro do quarto ao lado, quanto mais gemidos e outros ruídos associados ao sexo. Como os daquele casal, que sempre terminavam com a mulher gritando — presumivelmente durante o orgasmo — "Ai, Galhardo! Ai, Galhardo!".

O grupo não se conhecia. Tinha sido organizado por uma agência de turismo para assistir às finais da Copa. Durante a viagem, não houve qualquer tipo de aproximação entre os componentes do grupo e só no terceiro ou quarto dia de Paris é que começou a confraternização. Por iniciativa de Marçal e Marília, que ocupavam o quarto ao lado do casal barulhento. Durante um café da manhã, no hotel, Marçal contou o que fazia, Marília deu detalhes da vida familiar dos dois — casa, filhos etc. — e em pouco tempo estavam todos apresentando rápidos resumos de suas vidas, alguns até descobrindo afinidades, amigos, parentes ou fornecedores em comum, essas coisas. Só não tinham se manifestado ainda os vizinhos de quarto de Marçal e Marília, um homem retaco e sorridente e uma mulher loira, mais alta do que ele, que usava a camisa 9 do Ronaldo amarrada na frente, com o umbigo à mostra. Marçal virou-se para o homem e perguntou:

— E você, Galhardo?

O homem não parou de sorrir.

— Galhardo?

Marçal hesitou, sabendo que tinha feito uma bobagem mas que não podia recuar.

— Seu nome não é Galhardo?

— Jeremias Portinho.

— Portinho, desculpe. Não sei de onde eu tirei o Galhardo...

— E eu sou a Sandra — disse a mulher.

Naquela noite, depois da vitória contra o Chile, Sandra estava ainda mais entusiasmada na hora do orgasmo.

— Galhardo! Ai, Galhardo!

No quarto ao lado, Marçal e Marília discutiam as alternativas.

— É adjetivo — propôs Marçal.

Marília sustentava que era outro homem. Devia haver outro homem, chamado Galhardo, com eles no quarto.

— Como?! — reagiu Marçal. — Veio com eles na mala? Um anão bom de cama? Um amante portátil? Deve ser adjetivo.

Na manhã do jogo final — na noite anterior, os gritos de "Ai, Galhardo!" tinham ecoado pelo hotel —, Marília não se conteve e disse a Sandra:

— Já sei por que o Marçal chamou seu marido de Galhardo. É que ele se parece muito com um amigo nosso chamado Galhardo. Talvez vocês conheçam...

Sandra estava olhando a ponta de um *croissant*, com cara de sono, como se decidindo se o *croissant* merecia uma mordida sua ou não.

— Eu conheci um Galhardo uma vez. Faz anos...

Ela mordeu a ponta do *croissant* e continuou:
— Mas ele não era nada parecido com o Portinho.
Durante o jogo, Marília disse a Marçal:
— Desvendei o mistério do Galhardo.
— O quê?
— É evocação.
Mas o Zidane tinha feito o segundo, e Marçal não queria nem ouvir.

Seios e Rembrandts

Não é o assunto mais, digamos, palpitante do momento, mas os seios falsos têm significados culturais e até filosóficos que transcendem o meramente reflexivo enquanto divagação psicossociológica *per se*. E eu, pelo menos, não tenho nada melhor para fazer nos próximos três minutos, portanto vamos lá.

Recentemente uma celebridade reagiu à idéia de que seus seios não eram seus dizendo que tinha pagado por eles, e, portanto, eles eram mais seus do que os originais. Certíssimo. Com a disposição de não apenas fazer seios novos mas ostentá-los, e a sua artificialidade, as mulheres (de todos os sexos) resolveram a velha questão, que vinha desde Santo Agostinho, entre Ser um corpo e Ter um corpo. O corpo passou a ser definitivamente uma posse: você não apenas o tem como pode mostrar a fatura.

Seios cirurgicamente aumentados simbolizam a rápida eliminação da distância entre o Homem (aqui representado pela Mulher) e a Técnica, pois o implante de silicone nada mais é do que a interiorização do enchimento que antes elas usavam no sutiã — a Técnica, no caso, sendo a antiga de nos enganar. Este processo de interiorização culminará com a implantação de *microchips* no cérebro humano e a eventual substituição do cérebro por um processador eletrônico que transformará cada ser humano no seu próprio computador, com o *mouse* localizado, presumivelmente, no umbigo. Os seios artificialmente alentados estão, por assim dizer, na frente da revolução tecnológica. E como, ao contrário do enchimento nos sutiãs, eles são francamente assumidos, também contribuem para diminuir um pouco da hipocrisia nas relações humanas. Hoje ao ver desfilar um par de seios perfeitos, as mulheres não mais cochicham, especulando se são verdadeiros ou não. Aplaudem abertamente e gritam "O autor, o autor!", para procurá-lo também.

E à medida que podem escolher os seios (ou o nariz, a boca, a bunda etc.) que usarão, as pessoas tomam as rédeas da própria vida e determinam seu próprio futuro — principalmente numa sociedade em que cada vez mais, figurativamente ou não, peito é destino.

Filosofia, na linha de "Se uma palmeira cai numa ilha deserta, longe de qualquer ouvido, ela faz barulho?". Ou "Se ninguém, salvo o falsificador, sabe que um Rembrandt é falso, ele é falso?". Se todos sabem que os seios admirados são falsos, e eles são admirados como falsificações, o conceito de autenticidade não está banido do mundo, inclusive para a avaliação de Rembrandts?

Definições

Uma pessoa é uma coisa muito complicada. Mais complicado do que uma pessoa, só duas. Três, então, é um caos, quando não é um drama passional. Mas as pessoas só se definem no seu relacionamento com as outras. Ninguém é o que pensa que é, muito menos o que diz que é. Precisamos da complicação para nos definir. Ou seja: ninguém é nada sozinho, somos o nosso comportamento com o outro. Principalmente com aquela versão extrema do outro que é o outro de outro sexo.

Segundo uma pesquisa recente, as pessoas se dividem em seis tipos básicos, de acordo com seu comportamento com o (e como) sexo oposto. Se você não se enquadrar em nenhuma destas categorias, procure orientação. Você pode estar no planeta errado.

O primeiro tipo é o Simbiótico. É o que, numa relação, exige e cede mais ou menos na mesma proporção. Avança e recua, morde e sopra, questiona e entende e aceita qualquer coisa para evitar o rompimento, com a possível exceção da frigideira na cabeça. Vê o amor um pouco como um cargo público em que o principal é a estabilidade. Algo inseguro, precisa ouvir constantemente que a relação está firme, muitas vezes acordando o(a) parceiro(a) no meio da noite para perguntar isso e precipitando o desentendimento. Frase característica: "Eu peço desculpa se você pedir."

Depois tem o tipo Civilizado. É o que se preocupa em ter um comportamento esclarecido em relação ao outro, respeitando a sua iniciativa própria e o seu espaço, e só reagindo em casos como o do aparecimento de uma terceira escova de dentes no banheiro sem uma explicação convincente. O par civilizado acredita que o amor deve refletir as conquistas da modernidade, como a tolerância, o respeito mútuo e, acima de tudo, contas separadas para o caso de algum litígio terminar em frigideira na cabeça e processo.

O tipo Egoísta. Como aquele marido que telefonou para a mulher para explicar seu súbito desaparecimento, dizendo que tinha dado um desfalque na firma e fugido para a Flórida com a dona Neide da Contabilidade e que os dois estavam naquele momento no Disneyworld e prestes a entrar na Montanha Mágica, e quando a mulher começou a chorar, disse: "O que é isso, sua boba? Não tem perigo nenhum." Mas este não é um exemplo típico. Geralmente o egoísmo, no amor, se manifesta em pequenas coisas como dizer, durante o ato sexual: "Você se importa de acabar sem mim? Amanhã tenho dentista às oito."

Uma versão atenuada do tipo Egoísta é o tipo Individualista. Este sempre deixa claro, ao começar uma relação, que não sacrificará sua individualidade pelo amor, e estabelece os limites de cada parceiro. A mulher sempre é mais vaga nas suas reivindicações de independência, protegendo seus interesses separados, seus momentos de recolhimento e reflexão ou uma vida social própria, enquanto o homem é mais específico, dizendo coisas como "se tocar no meu time de botão, apanha".

O tipo Controlado dá sempre razão ao outro, cuida do que diz, suprime sua agressividade e enfrenta qualquer problema de costas, recusando-se a vê-lo. Em suma, se controla. Frase característica: "Tudo bem." Prefere a mesmice a grandes rompantes românticos e encara com naturalidade qualquer manifestação do outro. Inclusive a frigideira na cabeça. Mas tem uma coisa: no dia em que explodir, derruba a casa junto.

O tipo Doador só tem uma preocupação: fazer tudo pelo outro, inclusive sacrifícios extravagantes como tirar a comida da própria boca, o que sempre causa embaraços em restaurantes. Sua maior felicidade é ser suficientemente desprendido e acumular créditos emocionais o bastante para um dia poder dizer para o outro a grande frase, para a qual ele vive: "Depois de tudo que eu fiz por você!". O tipo Doador é, na verdade, o tipo Chantagista disfarçado.

Namoro

O melhor do namoro, claro, é o ridículo. Vocês dois no telefone:
— Desliga você.
— Não, desliga você.
— Você.
— Você.
— Então vamos desligar juntos.
— Tá. Conta até três.
— Um... Dois... Dois e meio...
Ridículo agora, porque na hora não era não. Na hora nem os apelidos secretos que vocês tinham um para o outro, lembra?, eram ridículos. Ronron. Suzuca. Alcizanzão. Surusuzuca. Gongonha. (Gongonha!) Mamosa. Purupupuca...
Não havia coisa melhor do que passar tardes inteiras num sofá, olho no olho, dizendo:

— As dondozeira ama os dondozeiro?
— Ama.
— Mas os dondozeiro ama as dondozeira mais do que as dondozeira ama os dondozeiro.
— Na-na-não. As dondozeira ama os dondozeiro mais do que etc.

E, entremeando o diálogo, longos beijos, profundos beijos, beijos mais do que de língua, beijos de amígdalas, beijos catetéricos. Tardes inteiras. Confesse: ridículo só porque nunca mais.

Depois do ridículo, o melhor do namoro são as brigas. Quem diz que nunca, como quem não quer nada, arquitetou um encontro casual com a ex ou o ex só para ver se ela ou ele está com alguém, ou para fingir que não vê, ou para ver e ignorar, ou para dar um abano amistoso querendo dizer que ela ou ele agora significa tão pouco que podem até ser amigos, está mentindo. Ah, está mentindo.

E melhor do que as brigas são as reconciliações. Beijos ainda mais profundos, apelidos ainda mais lamentáveis, vistos de longe. A gente brigava mesmo era para se reconciliar depois, lembra? Oito entre dez namorados transam pela primeira vez fazendo as pazes. Não estou inventando. O IBGE tem as estatísticas.

Eva

Na velha questão sobre a origem da humanidade, eu defendo o meio-termo. Um empate entre Darwin e Deus. Aceito a tese darwiniana de que o Homem descende do macaco, mas acho que Deus criou a mulher. E nós somos a conseqüência daquele momento mágico em que o proto-homem, deslocando-se de galho em galho pela floresta primeva, chegou à planície do Éden e viu a mulher pela primeira vez.

Imagine a cena. O homem-macaco de boca aberta, escondido pela folhagem, olhando aquela maravilha: uma mulher recém-feita. Como Vênus recém-pintada por Botticelli, com a tinta fresca. Eva espreguiçando-se à beira do Tigre. Ou era o Eufrates? Enfim, Eva no seu jardim, ainda úmida da criação. Eva esfregando os olhos. Eva examinando o próprio corpo. Eva retorcendo-se para olhar-se atrás e alisando as próprias ancas, satisfeita. Eva olhando-se no rio, ajeitando os longos cabelos, depois sorrindo para a própria imagem. Seus dentes perfeitos faiscando ao sol do Paraíso. E o quase-homem babando no seu galho. E, com muito esforço, formulando um pensamento no seu cérebro primitivo. "Fêmea é isso, não aquela macaca que eu tenho em casa."

Há controvérsias a respeito, mas os teólogos acreditam que quando Eva foi criada por Deus tinha entre 19 e 23 anos. E ela reinou sozinha no Paraíso por duas luas. E, instruída por Deus, deu nome às coisas e aos bichos. E chamou o rio de rio e a grama de grama, e a árvore de árvore, e aquele estranho ser que desceu da árvore e ficou olhando para ela como um cachorro, de Homem. E quando o Homem sugeriu que coabitassem no Paraíso e começassem outra espécie, Eva riu, concordou só para ter o que fazer, mas disse que ele ainda precisaria evoluir muito para chegar aos pés dela. E desde então temos tentado. Ninguém pode dizer que não temos tentado.

A cláusula do elevador

Porque eram precavidos, porque queriam que sua união desse certo, e principalmente porque eram advogados, decidiram fazer um contrato nupcial. Um instrumento particular, só entre os dois, separado das formalidades usuais de um casamento civil. Nele estariam explicitados os deveres e os compromissos de cada um até que a morte — ou o descumprimento de qualquer uma das cláusulas — os separasse.

Quando chegaram à parte do contrato que trataria da fidelidade, ele ponderou que a cláusula deveria ter uma certa flexibilidade. Deveria prever circunstâncias aleatórias, heterodoxas e atenuantes. Em outras palavras, oportunidades imperdíveis. E exemplificou.

— Digamos que eu fique preso num elevador com a Luana Piovani. Depois de dez, quinze minutos, ela diz "Calor, né?", e desabotoa a blusa. Mais dez minutos e ela tira toda a roupa. Mais cinco minutos e ela diz "Não adiantou", e começa a desabotoar a minha blusa... O contrato deveria prever que, em casos assim, eu estaria automaticamente liberado dos seus termos restritivos.

Ela concordou, em tese, mas argumentou que a licença pleiteada deveria ser específica, rechaçando a sugestão dele de que se referisse genericamente a "Luana Piovani ou similar". Ficou decidido que ele estaria automaticamente liberado da obrigação contratual de ser fiel a ela no caso de ficar preso num elevador com a Patrícia Pillar, a Luma de Oliveira ou uma das duas (ou as duas) moças do "Tchan", além da Luana Piovani, se o socorro demorasse mais de vinte minutos. Isto estabelecido, ela disse:

— No meu caso...
— Como, no seu caso?
— No caso de eu ficar presa num elevador com alguém.
— Quem, por exemplo?
— Sei lá. O Maurício Mattar. O Antônio Fagundes. O Odvan...
— O Odvan não!

Foi uma negociação longa e difícil, durante a qual ele vetou vários nomes, até ser obrigado a concordar com um, por absoluta falta de argumentos. Ela estaria liberada de ser fiel a ele se um dia ficasse presa num elevador com o Chico Buarque. Mas só com o Chico Buarque. E só se o socorro demorasse mais de uma hora!

Sexo e futebol

A dissertação nada-a-ver de hoje é: no que o sexo e o futebol se parecem?

No futebol, como no sexo, as pessoas suam ao mesmo tempo, avançam e recuam, quase sempre vão pelo meio mas também caem para um lado ou para o outro e às vezes há um deslocamento. Nos dois é importantíssimo ter jogo de cintura.

No sexo, como no futebol, muitas vezes acontece um cotovelaço no olho sem querer, ou um desentendimento que acaba em expulsão. Aí um vai para o chuveiro mais cedo.

Dizem que a única diferença entre uma festa de amasso e a cobrança de um escanteio é que na grande área não tem música, porque o agarramento é o mesmo, e no escanteio também tem gente que fica quase sem roupa.

Também dizem que uma das diferenças entre o futebol e o sexo é a diferença entre camiseta e camisinha. Mas a camisinha, como a camiseta, também não distingue, ela tanto pode vestir um craque como um medíocre.

No sexo, como no futebol, você amacia no peito, bota no chão, cadencia, e tem que ter uma explicação pronta na saída para o caso de não dar certo.

No futebol, como no sexo, tem gente que se benze antes de entrar e sempre sai ofegante.

No sexo, como no futebol, tem o feijão com arroz, mas também tem o requintado, a firula e o lance de efeito. E, claro, o lençol.

No sexo também tem gente que vai direto no calcanhar.

E tanto no sexo quanto no futebol o som que mais se ouve é aquele "uuu".

No fim, sexo e futebol só são diferentes, mesmo, em duas coisas. No futebol, não pode usar as mãos. E o sexo, graças a Deus, não é organizado pela CBF.

Primatas

A minha tese de que o homem descende do macaco, mas a mulher não, é apoiada em evidências científicas, não só no fato de que somos mais feios e cabeludos. Por exemplo: é sabido que mulheres dão melhores primatólogas, como a interpretada pela Sigourney (o nome, se me permitem um entreparênteses confessional, que eu adotaria se fosse travesti) Weaver naquele filme. Existem várias teses sobre a razão desta predominância feminina no estudo dos macacos. Seria porque entendem, muito mais do que o homem, de comunicação não-verbal — como atesta a eloqüência de uma troca de olhares entre mulheres, principalmente quando o objeto da mensagem silenciosa é outra mulher, e o poder expressivo de um beicinho — porque têm mais paciência e, principalmente, porque não partem, como os homens, de preconceitos fixos, como o de que qualquer tribo de macacos é um patriarcado só porque os machos são mais exibidos. Os homens também seriam menos capazes de estudar macacos com isenção científica porque se sentiriam inconscientemente revoltados com a promiscuidade sexual das macacas.

Quer dizer, seriam mais moralistas. E haveria razões mais rarefeitas. Não faz muito, apareceu uma teoria de que o fim dos matriarcados e o começo da falocracia que até hoje domina o mundo teriam coincidido com a criação do alfabeto. Assim, as mulheres se sentiriam atraídas para a primatologia porque, entre os macacos, recuperariam um pouco da sua condição perdida, não apenas anterior à palavra escrita, mas anterior à própria linguagem. Entre os gorilas, as sigourneys seriam, de novo, deusas.

É surpreendente que ninguém tenha pensado na razão mais lógica para as mulheres dominarem este ramo da ciência. É que, durante toda a sua história, elas não fizeram outra coisa senão cuidar de macacos. Sua paciência se desenvolveu com a necessidade de esperar que o homem passasse por suas várias fases, de bicho a hominídeo até poder ficar bem num *smoking*. Acompanharam a nossa evolução, nos estudaram desde que tínhamos rabo, nos ensinaram a usar o dedão opositor, a não babar no peito... E quando finalmente criamos a linguagem, e depois o alfabeto, e concluímos que éramos melhores do que elas, foram tolerantes na sua resignação, e aceitaram a nossa ingratidão, pois sabiam que estavam lidando, afinal, com animais interessantes, mas animais.

Enfim, foi um longo aprendizado.

A história pronta

É preciso ter uma história pronta, ensina o Matinhos. O mundo se divide entre os rápidos e os lentos, e o que os distingue é a sua reação ao serem flagrados. Os rápidos inventam uma explicação na hora. Os lentos, que são maioria, precisam ter uma história pronta. Muitas vezes sua integridade física, se não sua sobrevivência, depende de ter uma história pronta. Não precisa ser convincente, segundo o Matinhos. Basta que esteja pronta.

O Matinhos sabe da importância da história pronta por experiência própria. Um dia estava na cama com a vizinha quando sua mulher chegou em casa do salão mais cedo do que o esperado. A mulher é dona de um salão de beleza, o Matinhos vive, como ele mesmo diz, em disponibilidade. Não é um vagabundo, é um disponível. Faz parte da grande reserva de mão-de-obra ociosa da nação, esperando para ser convocada. Só não vai atrás do emprego, que já é pedir demais. A nação que venha buscá-lo. Enquanto a nação não vinha, o Matinhos enchia parte das suas horas vagas, que eram todas, namorando a dona Zeneida que também não tinha muito o que fazer depois de alimentar seu marido, o Valdemar, um inativo, que dormia sestas longas e profundas e só acordava para ir jogar dominó no bar. E um dia a mulher do Matinhos chegou em casa mais cedo e por pouco não encontrou a dona Zeneida na cama com o Matinhos. Dona Zeneida conseguiu sair pela janela, sair pelo portão e entrar na sua casa só de calcinha, agarrando o resto das suas roupas na frente do corpo, sem ser vista e quando a mulher do Matinhos entrou no quarto, encontrou o marido arquejante na cama, a cabeça atirada para trás, braços e pernas abertos, o pijama desfeito.

— O que é isso, Matinhos?

O Matinhos mal conseguia falar.

— Não sei... Acho que...

— O que, homem de Deus?!

— Princípio de enfarte.

E o Matinhos não estava fingindo. O susto quase o matara. Fizeram exames, tudo bem, a mulher pediu para o Matinhos nunca mais assustá-la daquela maneira, e o Matinhos começou a pensar na importância do pensamento contingencial. Sua mulher o teria flagrado não só com a vizinha na cama mas sem uma história pronta. O que ele teria dito, se fosse pego? "Não é o que você está pensando"? Ridículo. Claro que era o que ela estava pensando. Ele precisava ter uma história pronta. Uma história rica em detalhes, criativa, tão elaborada que desencorajasse qualquer tentativa de investigá-la e tão incomum que levasse à conclusão de que ninguém a inventaria. Tão improvável que só poderia ser verdade.

E o Matinhos pôs-se a construir, meticulosamente, a explicação que daria no caso de ser flagrado com a dona Zeneida na cama. Algo sobre o marido de dona Zeneida, o Valdemar, e o seu envolvimento com uma rede de traficantes de droga. Bolivianos, era isso. Bandidos bolivianos. A Polícia Federal estava usando a casa do Matinhos para controlar o movimento na casa do Valdemar. Matinhos não tinha contado nada à mulher para não assustá-la. Sim, estava colaborando com a polícia. Tinham bolado um plano para tirar a dona Zeneida de dentro da casa para poder revistá-la, aproveitando-se do fato de o Valdemar normalmente cair num sono profundo depois de tomar a heroína do meio-dia. Matinhos concordara em seduzir a dona Zeneida em nome da lei, para ajudar a livrar o país do flagelo das drogas, ainda mais trazida por bolivianos. Se a mulher do Matinhos fizesse um escândalo, atrapalharia a diligência da polícia que naquele momento estava revistando a casa do Valdemar e...

É uma história longa que o Matinhos decorou e tem até ensaiado na frente do espelho, para o caso de ser pego com a dona Zeneida na cama. Uma possibilidade que ficou remota, porque depois do quase flagrante, a dona Zeneida, que teve uma crise de nervos, se recusa a sequer olhar para o Matinhos, quanto mais a responder seus "pssts" por cima da cerca. E o Matinhos está assim, com uma história pronta que só serve para o caso de flagrante com a dona Zeneida, já que na casa do outro lado só mora um general reformado viúvo e com três cachorros, mas sem a dona Zeneida. O Matinhos está começando a pensar numa história pronta que sirva em qualquer contingência.

Playboy

Lembro da primeira vez em que a vi. Eu tinha 18 anos, ela era recém-nascida. Segurei-a nas mãos com alguma emoção. Não, não era a minha primeira vez. Eu já tinha tido revistas de mulher nua. Mas em encontros furtivos sem muito prazer. Eram geralmente vagabundas e malfeitas, e a impressão era a pior possível. Algumas, é verdade, tinham um certo verniz de respeitabilidade. As de "naturismo", por exemplo, em que famílias de nudistas brincavam ao sol em pálidas praias nórdicas. Mas você precisava procurar muito para encontrar uma nádega firme ou um seio aproveitável e ainda cuidar para que, em vez de uma sueca, não fossem de um sueco mais redondo. A *Playboy* era outra coisa. Com toda a sua precariedade de primeiro número — feito, segundo a lenda, por Hugh Heffner com uma tesoura, cuspe e peito, o dele e o da Marilyn Monroe —, foi a primeira revista de mulher nua com classe que possuí. Lembro que comecei a folheá-la ali mesmo (acho que a capa plástica ainda não tinha sido inventada, às vezes duvido que já existisse petróleo), mas fui interrompido pelo dono da banca, que disse: *"Hey bud, you gonna take that?"* Levei-a para casa.

Morávamos em Washington, então a pacata capital dos Estados Unidos do presidente Eisenhower, no finzinho da idade da inocência. Quando os decotes já mostravam quase tudo, mas persistia a dúvida sobre o que as mulheres tinham, exatamente, na ponta dos seios. Mesmo em espetáculos de *strip tease*, nos anos 50, os mamilos ficavam tapados. Até hoje se discute a importância da *Playboy* na revolução sexual, quando ela veio, mas não há dúvida de que a revista ajudou a distender os limites da repressão. Já existiam revistas sofisticadas para homens, como a *Esquire*, mas a *Esquire* também não mostrava os mamilos. A *Playboy* foi a primeira a mostrar o peito inteiro. E num contexto de bom gosto, não mais na prateleira dos fundos, com as revistinhas de sacanagem disfarçada, mas ali na frente, com a *Life* e a *Look*. Heffner tinha pretensões intelectuais, a sexualidade aberta fazia parte de um novo *éthos* hedonista e consumista, e se ela também servia a onanistas perebentos, estes eram um alvo secundário. O público idealizado por Heffner era de jovens urbanos que também seguravam a revista com uma mão só, mas porque a outra estava segurando um cachimbo. Com a *Playboy*, o sexo pulou a barreira do puritanismo e se naturalizou americano.

Uma história sutil

— Beleza, a sua cozinha.
— Obrigado, eu...
— É você quem cozinha sempre ou...
— Não, não. Tem uma senhora que vem arrumar o apartamento sempre e deixa um prato feito na geladeira. Sou cozinheiro de fim de semana. Marinheiro de... Como é mesmo que se diz?
— O quê?
— Doce.
— Eu?
— Água doce. Marinheiro de água doce. Você quer esperar na sala, enquanto eu...
— Fico aqui com você. A menos que...
— Não, pode ficar. Quem sabe a gente já abre o vinho e fica bebericando, enquanto eu...
— Adoro bebericar. Uma beleza, o seu abridor.

— Obrigado. Este vinho precisa respirar um pouco antes de ser servido. Pode parecer bobagem mas...

— Não, não. Respirar é uma das coisas mais importantes que existem.

— Ele precisa estar na temperatura ambiente.

— Adoro a temperatura ambiente.

— Você está disposta a experimentar o meu bobó?

— O seu...

— Bobó de camarão. Minha especialidade.

—Ah, claro. Não foi para isso que você me convidou? Adoro bobó...

— Você já comeu alguma vez?

— Nunca. Mas adoro.

— Olha o vinho.

— Mmmmm.

— Hein?

— Eu disse "Mmmmm"... Epa!

— Desculpe. Estou um pouco nervoso. Sabe como é, a responsabilidade. Você pode não gostar do meu...

— Bobo.

— Bobó.

— Bobo é você. Vou adorar o seu bobó.

— Será que o vinho vai manchar o seu vestido?

— Não. Em todo o caso...

— Quem sabe um pano com água quente? E só esquentar a água e...

— Adoro tudo o que é quente. Uma beleza a sua chaleira.

— Enquanto isto, vou preparando os ingredientes. Deixa ver. Pimentinha...

— Sim?
— Não, eu disse "pimentinha".
— Não me diz que leva pimenta!
— Leva. Você não gosta?
— Adoro!
— É da braba.
— Ui! Você, hein? Com esse jeito tímido... Só de ouvir falar em pimenta, fiquei toda arrepiada. Passa a mão aqui...
— É mesmo. Que estranho. Só de ouvir falar em pimenta...
— Mal posso esperar o seu bobó.
— Calma, calma.
— Demora muito?
— Se você me der uma mão... Na geladeira na parte de baixo, estão os camarões... Você vai ter que se abaixar um pouco e...
— Beleza a sua geladeira. Foi você que assobiou?
— Não, foi a minha chaleira. Mas..
— Sim?
— Eu concordo com ela.
Mmmmm...

Pêlos pubianos (1)

(Divagações sobre os pêlos pubianos da Vera Fischer na *Playboy*. Primeira parte.)

Diderot (Denis, francês, século XVIII, um dos enciclopedistas, aquela turma) disse que havia uma grande diferença entre uma mulher nua e uma mulher despida. Goya fez questão de pintar a sua "Maja" com roupa e sem roupa para deixar claro que estava pintando uma mulher despida, a primeira mulher despida na história da arte. Não faltavam mulheres nuas — ou "nus", na neutra linguagem acadêmica — na arte, mas até a Maja do Goya todas eram simbólicas ou mitológicas, ou clandestinas, como nas gravuras eróticas "secretas" de Rembrandt e outros. A Maja não era um "nu", era uma mulher "desnuda". Ela tirara a roupa para você. Não era uma alegoria, sua nudez não representava nada além dela mesma. E não tinha nada de secreto, apesar de quase ter sido destruída como pornografia pela Inquisição: era uma pintura de dimensões clássicas de uma mulher em tamanho natural feita para ser vista, despida, por todos, pelo pintor da corte e da moda.

A Maja mostra, quase oferece, seu corpo "desnudado" sem qualquer inibição, mas seus pêlos pubianos mal aparecem. Não passam de um discreto sombreado. Durante muitos anos — os anos que vão de Goya a Hugh Heffner, especificamente — esse prurido permaneceu, o "nu" resistiu às mais francas exibições de mulheres sem roupa. Até nas revistinhas de sacanagem da nossa adolescência, ou nas de "naturismo" que, na hora do aperto, também serviam, os pêlos pubianos eram tapados, ou retocados artificialmente até desaparecerem. Durante anos depois da Maja as mulheres despidas preservaram a alegoria entre suas pernas, uma metáfora em lugar do sexo. Ou uma sombra ou nada. Ou seja, nunca chegaram a ser completamente despidas.

    O assunto é palpitante, se a palavra é esta, e voltarei a ele depois.

A terra árida

Eu envelheço, eu envelheço. Usarei minhas calças dobradas no começo. Com vinte e poucos anos (há vinte e tantos anos) escrevi um estudo sobre T. S. Eliot e as agonias da poesia traduzida. Com ironia e erudição. Foi um sucesso instantâneo. Pelo menos entre as 17 pessoas que liam o suplemento literário que o publicou. Um conto imitando Hemingway e uma adaptação de Auden mais tarde, já estavam me chamando de jovem promessa e nova voz da literatura nacional. Enquanto todos à minha volta ainda liam os franceses, eu explicava os ingleses e plagiava os americanos. Minha exegese definitiva de James Joyce estava pronta quando o suplemento literário acabou. Procurei uma editora e propus a publicação do meu ensaio numa monografia. Dei outras idéias. Faria traduções. Uma coleção da poesia anglo-saxônica. Novos escritores americanos. E, se quisessem, um original meu, John dos Passos num cenário carioca, a novela urbana que nos faltava. O editor se entusiasmou:

— Ótimo, ótimo. Mas, no momento, fim de guerra, a crise do papel, coisa e tal, não dá. Enquanto isso, você não toparia traduzir este original que acabamos de comprar? Um manual de instrução sexual para adolescentes, sucesso nos Estados Unidos.

— Bem, eu...

— Não é sacanagem não. Coisa séria. O autor é um médico respeitadíssimo lá. Achamos que está na hora de lançar esse tipo de livro no Brasil. Vamos acabar com os tabus, a geração de pós-guerra precisa aprender a encarar o sexo com seriedade.

— É verdade, eu não posso encarar o meu sem começar a rir – brinquei. Mas aceitei. Precisava do dinheiro e da boa vontade do editor. Só impus uma condição: assinar a tradução com um pseudônimo.

— Ótimo, ótimo... — disse o editor.

— Quero a tradução em um mês.

— Está bem — suspirei.

É assim que acaba uma jovem promessa. Não com um estrondo, mas com um suspiro.

***

O livro do Dr. Murray Brown se chamava *Sex and You*. Pensei em traduzir o título para *Sexo para principiantes*, mas isto destoaria do resto. O texto do Dr. Brown não admitia sutilezas. Ele partia do pressuposto de que moços e moças de 13 a 19 anos viviam se perguntando para o que servia aquilo além de fazer xixi, e explicava tudo em linguagem para cretinos. Não foram poucas as vezes em que tive de resistir à tentação de acrescentar comentários incrédulos entre parênteses, reticências ambíguas no fim de frases e Notas Safadas do Tradutor no pé da página. O livro seria ridicularizado, pensei. O adolescente brasileiro sabia mais sobre sexo ao nascer do que o hipotético leitor americano no fim do livro. O capítulo sobre masturbação era tão cuidadoso nos seus termos que o leitor podia decidir nunca mais apalpar a própria barriga na cama, sob pena de ficar cego... Mas eu estava errado. O livro foi um sucesso no Brasil também. Apesar da resistência de certos grupos que protestaram contra o uso de termos crus como "baixo ventre" e "tecido eréctil".

Interrompi minha tradução dos *Cantos* de Ezra Pound para traduzir, às pressas, o segundo livro do Dr. Brown, *Sex and the Married You*. Este começava com um casal fictício, Dick e Mary (que eu por pouco não chamei de Joãozinho e Maria), na noite de núpcias. Ambos tinham lido o primeiro livro do Dr. Brown e, apesar de virgens, sabiam exatamente o que fazer, com precisão cronométrica.

Nesta mesma época, me casei. Ela se chamava Dora. Uma das primeiras mulheres a fumar em público no Brasil. Era morena, formada em Letras, e encarara o meu sexo mais de uma vez antes do casamento. Fizemos coisas que Dick and Mary só ousariam fazer no décimo primeiro livro do Dr. Brown, vinte anos mais tarde (*Sex and the Liberated You*, proibido no Brasil). Nossa primeira filha, Manoela, nasceu junto com o terceiro livro traduzido do Dr. Brown. Este era sobre a educação sexual dos filhos.

Meu pseudônimo — Alencar Alípio — começava a ficar conhecido. Uma crítica do quarto livro do Dr. Brown (*Sex and the Divorced You*) se referia a mim como "o renomado sexólogo patrício", na primeira vez que a palavra "sexólogo" apareceu em nossa imprensa. E ninguém desmentiu. A *Cruzeiro* me entrevistou sobre frigidez feminina. ("Sou contra", declarei.) Enquanto isso, a monografia sobre James Joyce, que publiquei com meu nome verdadeiro e paguei com meu dinheiro verdadeiro, vendeu vinte exemplares, sendo que dez para uma tia muito querida. Meu estudo sobre o simbolismo do desalento aristocrático em *A terra árida*, de Eliot, apareceu num suplemento literário paulista, que acabou logo em seguida, simbolicamente. Eu envelheço, eu envelheço.

***

.Não sei por que estou lembrando tudo isto, agora. A minha vida se desalinhavou, é isso. Preciso encontrar um fio. Minha filha Manoela acaba de voltar para casa depois de um ano de casamento com o seu psicanalista. Não deu certo, diz, chorando. Não deu certo sexualmente.

— Cama — diz Dora, olhando para mim como se a culpa fosse minha. — É sempre a cama.

Dora e eu tivemos uma vida sexual intensa, variada e curta. Dez anos e dois filhos. Foi uma espécie de competição. Ela brochou primeiro. Nos dez anos seguintes, experimentei com tudo. Só não tive sexo com hidrantes, mas cheguei perto. Hoje... Hoje, você não acreditaria.

Com o sucesso dos livros, alguns jornais brasileiros compraram a coluna de conselhos sexuais que o Dr. Brown publicava semanalmente nos Estados Unidos. Meu nome aparecia quase com o mesmo destaque do nome do Dr. Brown na coluna. A esta época eu já fazia palestras para clubes de mães e declarações à imprensa sobre desvios da sexualidade e a nova liberdade. Durante sete anos, traduzi a coluna do Dr. Brown. Acompanhei, fascinado, a sua adaptação aos novos costumes de sua terra.

A coluna terminou no Brasil no dia em que o Dr. Brown respondeu, com rigor científico, à consulta de uma dona de casa americana preocupada com sua dieta e que queria saber quantas calorias tinha o sêmen de seu marido. Me convidaram para assinar uma coluna igual à do Dr. Brown, porém mais, sabe como é, brasileira. Foi um sucesso. As cartas choviam de todo o Brasil. Nem todas podiam ser respondidas pelo jornal. Mas se viessem acompanhadas de um envelope selado, Alencar Alípio teria o máximo prazer em responder consultas confidenciais pelo correio. Comecei a ganhar dinheiro. Os livros do Dr. Brown passaram a ter problemas com a Censura. *Sex and the Liberated You* foi proibido, embora eu tivesse substituído minha primeira idéia para o título, *Sexo doidão*, por *Sexo moderno*. O livro seguinte do Dr. Brown, *Sodomy and You* nem chegou a ser traduzido. Não passaria pela Censura. O editor decidiu que estava na hora de Alencar Alípio lançar o seu primeiro livro como o maior discípulo do Dr. Brown no Brasil. Eu tinha uma grande idéia. Um estudo que planejava há anos. De como o cientificismo com relação ao sexo (em *Sodomy and You,* o Dr. Brown dedicava capítulos especiais à "Lubrificação" e "Dez passos para eliminar a contração involuntária") era a maneira que o puritanismo americano encontrara de enfrentar a sensualidade liberada pelas novas imposições do lazer numa sociedade historicamente dominada pela ética do pragmatismo e de como, a partir do Relatório Kinsey...

— Ótimo, ótimo — interrompeu o editor. — Mas não agora. Temos que continuar na mesma linha do Dr Brown. Sem as loucuras dos americanos. O Brasil ainda não está preparado para *O bestialismo e você*.

— Aceito. Mas com uma condição. Vocês publicam também meu romance.

— Está bem. Cadê o romance?

Não tinha nenhum romance. Cadê o tempo? Um sexólogo não pára.

***

Dora me acusava. Eu estava desperdiçando meu talento. Diante dela, dos amigos e de mim mesmo, eu me defendia. No fundo, era tudo sexo. A arte era só uma tentativa para mudar de assunto. Toda literatura épica era a exaltação velada do pênis erecto. Depois do herói fálico, vinha a impotência e a literatura da impotência. Toda a arte discursiva era sobre as aventuras do nosso personagem preferido, o Ricardão. De pé e invencível, encurvado pela dúvida e o autoconhecimento (toda a literatura depois do século XIX) ou prostrado pelo mundo moderno, com a cabecinha cheia de idéias confusas em vez de sangue e ímpeto. O sucesso da literatura escapista de super-heróis e bandidos lúbricos era que ela restabelecia o ideal da erecção eterna. Eu tratava, pois, do único grande assunto do homem, sem as metáforas e a dissimulação. O drama da ejaculação precoce. A tragédia da constrição vaginal. A comédia do orgasmo simulado. E até as grandes questões filosóficas. Não se haverá vida depois da morte mas: será que se consegue mulher? Dora sabia, desde o princípio, que eu era um reles aproveitador na pele de Alencar Alípio. Conselhos privados para a Insatisfeita do Grajaú às vezes eram acompanhados de visitas particulares quando o marido saía. O método Brown a domicílio, satisfação garantida. Meu escritório vivia cheio de consulentes.

— Só consigo ter relações sexuais satisfatórias no banco de trás do carro, doutor, e meu namorado tem um Kharman Ghia.

— Há uma maneira. Debruce-se sobre as costas daquela poltrona que eu vou demonstrar.

— Mas doutor...

— Está bem, está bem. Aluguem um Galaxie. Tem gente esperando.

Mas isso faz tempo. Hoje procuro um fio. Não para sair do labirinto, mas para compreendê-lo.

***

Eu enlouqueço, eu enlouqueço. Manoela acaba de entrar aqui para usar o telefone. Ligou para o seu ex-marido e psicanalista. Não quer a reconciliação, quer marcar uma hora. Para discutir o trauma de sua separação. Tem melhor sorte no seu divã do que na sua cama. Nosso outro filho, Arthur, entrou para uma ordem religiosa oriental que substitui o sexo pela contemplação da alcachofra. Na primeira vez que apareceu aqui vestindo um lençol e com a cabeça rapada, Dora lhe deu uma esmola e ia quase fechando a porta antes de reconhecê-lo e cair no choro. Dora escreve contos obscuros sem nenhuma pontuação. Uma vez passou duas horas discutindo comigo sobre se devia ou não usar o ponto final. Eu disse que sim, contando que fosse o último daqueles contos que ela escrevesse. Nunca mais discutimos literatura — a última coisa que nos unia.

***

Há dias chegou uma carta de um leitor que se assina "Pedro Paixão". Ele conta que gosta de besuntar sua mulher com gemas de ovos antes de possuí-la, num *Hino à Fertilidade*. Publiquei sua carta na coluna e, num impulso, comentei que ele devia passar a mulher também em farinha de rosca antes de possuí-la, num *Hino à Milanesa*. Ele escreveu outra carta dizendo que vai me matar.

***

Num congresso de psicologia — o convite veio endereçado ao "Dr. Alencar Alípio", eu não podia recusar —, comecei meu discurso lembrando a história do papagaio metido que vivia dando palpite durante as atividades sexuais do seu dono. "Boa, boa", ou "Agora, pelo flanco!", coisas assim. Até que um dia uma namorada mais recatada exigiu do dono do papagaio que tapasse sua gaiola durante o ato. O dono pediu desculpas ao bicho e tapou a sua gaiola com um pano. Houve um problema com um fecho da roupa da moça e durante algum tempo o papagaio, sem enxergar nada, ouviu uma conversa mais ou menos assim: "Puxa... Não, assim não, assim arrebenta... Tenta com os dentes... Está quase... Pô, escapou...". E quando ouviu a voz feminina dizer: "Tenta por trás, mas é melhor usar um alicate", o papagaio deu um pulo e sacudiu o pano, exclamando: "Isto eu não posso perder!".

Depois deste começo, que deixou muita gente na platéia mais intrigada do que o papagaio, passei a dissertar sobre o perigo de mitificar o sexo exatamente pela tentativa de desmitificá-lo. Estávamos tapando o papagaio, este símbolo tropical do sexo como safadeza, e caindo no outro extremo, a seriedade exagerada que complica o que devia esclarecer. Me declarei culpado por boa parte daquela tendência, eu que — traduzindo o Dr. Brown — fora dos primeiros a introduzir o sexo, por assim dizer, nos lares brasileiros, e pedi desculpas ao papagaio.

Falei contra a Censura e a repressão e elogiei as sociedades liberais que deixavam a sexualidade atingir o seu nível natural, mesmo com o risco de transbordamentos para a baixa pornografia, pois só assim ela seria saudável e construtiva e dispensaria as regras dos sexólogos, como o charlatão que vos fala. Ninguém se importou muito comigo, mas peguei uma psicóloga mineira que começou a ganir de prazer quando, no hotel, ordenei: "De quatro, mulher!".

Eu devia ser um par de garras serrilhadas, percorrendo o chão de mares silenciosos, em vez de um pênis com um homem na ponta. E o meu romance, provavelmente, seria uma bosta.

***

Há dias escrevi uma longa carta ao Dr. Brown. É incrível, mas nunca nos encontramos. Uma vez era para ele ter vindo ao Brasil para uma série de conferências, mas não me lembro o que houve. Uma revolução, parece. Na minha carta, eu perguntava se ele também tinha tido outros planos na juventude, e acabara como eu aprisionado pelo sucesso errado, o pior tipo de fracasso. Comentei a revolução sexual que nos engolfara como líderes contrafeitos — ele na matriz, eu na imitação — e perguntei se a sua vida particular também era uma negação de tudo que ele era pago para pregar. Lembrei minha reação divertida à ingenuidade do seu primeiro livro e como ele acabara proibido aqui. (Por sinal, como ia o seu último lançamento, *Faça amor com suas plantas caseiras?*) Ele que respondesse se quisesse. Aquilo era apenas um desabafo. Com o Ricardão em recesso, eu me entregava aos prazeres da autocompaixão. Mas caprichei no inglês e nas citações literárias, principalmente de Eliot, embora desconfiasse que o bom doutor, pelo seu estilo, não tivesse nenhum gosto pela leitura. Ainda mais de Eliot, um católico da velha Igreja, cuja retórica de pecado e contrição ofenderia a sua convicção protestante de que a palavra era um caminho para a salvação — no caso, o orgasmo simultâneo — e não para a imolação. Terminei com um paralelo entre o meu estado de espírito e o trecho sobre Phlebas, o Fenício, em *Terra árida:* "Uma corrente submarina limpou os seus ossos aos suspiros. Subindo e descendo ele passou pelos estágios da sua idade e juventude e desapareceu no redemoinho." E assinei "do seu (que diabo) discípulo, Alencar Alípio".

Hoje — junto com cartas de Mãe Assustada, Vênus de Paquetá, Gatão Inseguro, Amante Criativo, Esposa Fiel ("Meu marido me veste de tirolesa, sem as calças, e me ataca no quintal todos os sábados, a vizinhança já reclamou e...") — veio uma carta da editora do Dr. Brown:

"O Dr. Brown morreu há anos. Todos os seus livros desde *Sex and the Divorced You* foram escritos por uma equipe, que também faz as colunas semanais para mais de duzentos jornais em todo o mundo. Temos certeza que o doutor apreciaria a sua gentil carta, etc." Muito bem. Todo aquele tempo, em vez dos rigores da métrica anglo-saxônica, eu estivera traduzindo a ficção de uma ficção. O Dr. Brown, como Alencar Alípio, não existia. Só que Alencar Alípio ainda respira. E responde cartas de Curiosa de São Paulo, Capital ("Afinal, qual a real importância do tamanho do membro masculino num relacionamento sexual satisfatório?"); Indecisa, Londrina ("Sinto uma espécie de fisgada no umbigo, acompanhada de suor frio, isto é o orgasmo, ou devo procurar um médico?"); Preocupado, Nova Iguaçu ("Tenho uma ereção por semana, mas esta semana ela não veio...").

***

Não trabalho mais no escritório, onde durante anos vivi o sonho brasileiro da safadeza ilimitada, e no horário comercial. Fico em casa. Não vou mais a vernissages e noites de autógrafo com Dora para dar consultas extemporâneas a suas amigas.

— Pensa que eu não vi? Você marcando um encontro com a Eunice...

— Ora, Dorinha. Ela está tendo problemas com o seu orgasmo e eu disse que precisávamos estudar isso a fundo. Você sempre pensa o pior!

Hoje — você não vai acreditar —, só uma coisa sensibiliza o meu tecido eréctil. Me tranco no banheiro com um exemplar do primeiro livro do Dr. Brown, traduzido por mim. Ele usa 117 — eu os contei no banheiro — eufemismos para os órgãos genitais femininos. Todos me excitam. Tenho a volúpia do eufemismo. O seu capítulo sobre o beijo — nunca, nunca com a boca aberta, a higiene e a moral guardam o templo do corpo — me faz babar. Demora, mas vale a pena. Não me importo em ficar cego.

***

Vou ter que interromper estas reminiscências. Dora acaba de me avisar que um homenzinho estranho, com cara de brabo, está na porta à procura de Alencar Alípio.

— Ele diz que se chama Pedro Paixão e que você o está esperando.

— Diga que Alencar Alípio não existe e...

Mas Dora já se retirou para chamar Pedro Paixão. Certo, vou atendê-lo. Pequei contra a seriedade e devo pagar. Dora acaba de introduzir o homenzinho estranho no gabinete e retirar-se. Ele tem uma mão no bolso. Sim, sim, uma arma. O redemoinho. Se sair desta, preciso falar com Arthur sobre a alcachofra. A idéia começa a me atrair.

Mulheres

Generalizar é humano, mas quem parte de uma amostra limitada para chegar a uma conclusão categórica pode acabar imitando aquele extraterreno que desceu no meio de uma colônia de pingüins e depois informou ao seu planeta que os habitantes da Terra não tiram o fraque nem para nadar. Caminhando por determinado trecho da Quinta Avenida de Nova Iorque, onde há muitas agências de modelos, você pode chegar à conclusão de que a maioria das mulheres americanas é alta, magra e carrega uma grande pasta. Desconfie da sociologia apressada, portanto, ela é sempre fruto de dados insuficientes. Não confie nesta minha lista, por exemplo.

As mulheres com as melhores peles são as inglesas. Elas devem se beneficiar da mesma dosagem de chuva, sol e bons cuidados que fazem dos gramados ingleses os mais bonitos do mundo. As mulheres mais interessantes, somando os quesitos aparência, personalidade, inteligência e cheiro, são as francesas. É verdade que os extremos usados para se tirar a amostra francesa — a heráldica madame da caixa cujo *bonjour* cantado em contralto disfarça uma alma de sargento e a *gamine* sentada ao seu lado na praça — são irreconciliáveis, mas a média é favorável. As espanholas são lindas e as portuguesas também, e preciso olhar mais de perto o que as alemãs têm. Mas pela simples quantidade de amostragem, num curto espaço de tempo, arrisco que nenhum outro lugar — salvo o Brasil, sou louco? — tem mais mulheres bonitas por quilômetro quadrado do que a Noruega. As camareiras de hotel são manequins. Só imagina as manequins.

    As mais elegantes são as italianas, mas as japonesas não ficam muito atrás. As mulheres italianas ganham porque, para se destacar pelo corte de suas roupas e pela classe com que as usam, precisam competir com o homem italiano. É uma guerra de vaidades que dá toda razão ao credo liberal de que a competição leva à excelência. As japonesas não competem com os homens, que têm todos o mesmo alfaiate, e sua elegância é mais sóbria. Mas não conheço outro lugar em que se veja gente tão bem vestida quanto em Tóquio. Já a Itália é o único país do mundo em que a mulher tem que se esforçar para ser mais bonita do que a polícia.

Boca aberta

Quando eu era pequeno, não acreditava em beijo de cinema. Achava que eles não podiam estar se beijando de verdade, nos filmes de censura livre. Aquilo era truque. Me contaram que usavam um plástico, que a gente não via, entre uma boca e a outra. Isso no tempo em que as pessoas só se beijavam de boca fechada, pelo menos no cinema americano. Não sei quem me deu esta informação. Alguém ainda mais confuso do que eu.

Nos filmes proibidos até 14 anos, permanecia a idéia de que nos Estados Unidos o sexo era diferente. As pessoas se beijavam — de boca fechada — depois desapareciam da tela, tudo escurecia e a mulher ficava grávida. Quando se via o beijo do começo ao fim, não havia perigo de a mulher engravidar. Mas quando as cabeças saíam do quadro ainda se beijando, e a tela escurecia, era fatal: vinha filho. Às vezes na cena seguinte.

Durante algum tempo, só filmes europeus eram proibidos até 18 anos. Você entrava no cinema para assistir a um filme "até 18" sabendo que ia ver no mínimo um seio nu, provavelmente da Martine Carol. Não sei quando apareceu o primeiro seio americano no cinema. Mas me lembro do primeiro filme americano com beijo de boca aberta. Com língua e tudo. Bom, a língua não se via, a língua era presumida. Também não era beijo tipo *roto-rooter*, beijo de amígdala, como no cinema francês. Mas estavam lá, as bocas abertas, num beijo histórico. Depois do primeiro beijo de boca aberta, foi como se abrissem uma porteira e começasse a passar de tudo. Passa língua, passa peito, passa bunda... E em pouco tempo os americanos estariam transando sem parar. Era inacreditável. Americanos na cama, sem roupa, transando como todo o mundo!

Mas guardei o primeiro beijo de boca aberta no cinema americano porque me lembro de ter tido um pensamento quando o vi. Com aquele misto de carinho divertido e incredulidade com que recordamos nossa infância, que aumenta quanto mais nos distanciamos dela. Me lembro de ter pensado:

— Isto destrói, definitivamente, a teoria do plástico.

Trissexual

As amigas se contavam tudo, tudo, do mais banal ao mais íntimo. Eram amigas desde pequenas e não passavam um dia sem se falar. Quando não se encontravam, se telefonavam. Cada uma fazia um relatório do seu dia e do seu estado, e não escapava uma ida ao super, um corrimento, uma indagação filosófica ou uma fofoca nova. Deus e todo o mundo, literalmente. Janice, Marília e Branca.

    Branca era a mais nova, mas já casara e já enviuvara, o que despertara um certo pânico protetor nas outras duas. Tudo acontecia rápido demais para a Branquinha, que precisava ser protegida da sua vida precipitada, da sua vida vertiginosa. Por isso Janice telefonou para Marília quando soube que a Branquinha estava namorando um homem chamado Futre, Amado Futre, Rosimar Amado Futre, e que, como se não bastasse isto, ele declarara à Branquinha que era trissexual.

— Marília de Deus — disse a Janice —, o que é trissexual?!
— Bom... Bi é quando transa com os dois sexos.
— Isso eu sei.

— Tri deve ser quando transa com dois sexos e com bicho.

Janice teve uma visão da Branquinha na cama com Rosimar Amado Futre, o porteiro do prédio e uma cabra. Ou um cabrito?

— Bichos dos dois sexos?

— E eu vou saber?! — gritou a Marília.

Era preciso proteger a Branquinha. Mas do quê, exatamente?

— O que é trissexual? — perguntou a Janice ao seu marido Rubião.

— Ahn? — disse Rubião, acordando.

Rubião dominara o truque de segurar um jornal na frente do rosto e dormir sem que a mulher notasse. Janice não entendia como um homem que lia tanto jornal podia ser tão mal informado.

— O que é trissexual?

— É... é...

— Volta pro seu jornal, Rubião.

Apesar de ser a mais moça das três, Branquinha fora a primeira a perder a virgindade. Já fizera tudo o que pode ser feito sobre uma cama. Ou, no caso dela, sobre uma cama, sobre uma mesa de cozinha, jantar ou pingue-pongue, sobre um estrado, na praia, no meio do campo, uma vez até no último banco de um ônibus intermunicipal — e sempre contando tudo, tudo, às outras duas. Que também contavam tudo que lhes acontecia, só não tinham tanto para contar. A Janice contava sua vida com o Rubião, que só transava nos sábados e vésperas de feriado. A Marília, que ainda não se casara e namorava um dentista chamado João, inventava, para não pensarem que ela também não tinha uma vida sexual. Mas nem as invenções mais criativas da Marília se igualavam às experiências da Branquinha. E agora um trissexual chamado Amado Futre! Branquinha talvez estivesse indo longe demais. Era preciso proteger a Branquinha.

Mas apesar de vários avisos ("Olhe lá, hein, Branquinha"), a Branquinha concordou em passar um fim de semana na serra com o

Rosimar Amado Futre. E na volta, não telefonou para contar tudo, como ficara combinado. Teria lhe acontecido alguma coisa? Ela estaria num hospital, com um deslocamento, depois do que o Futre lhe fizera? Mordida por algum animal, nos arroubos da paixão? Janice e Marília não se contiveram, invadiram o apartamento de Branquinha e exigiram um relato completo. Mas cada pergunta sobre o fim de semana, Branquinha respondia "Nem te conto". E não contou mesmo. Depois da experiência com Rosimar Amado Futre, estava tão na frente das outras que não tinham mais o que conversar. Não tinham mais pontos de referência, era isso.

    Marília perguntou ao namorado João, o dentista, o que era trissexual.

— Tri?!
— É. Tri em vez de bi.
— Bi?!
— Esquece, João.

Cabelos felizes

No seu livro *Literatura e os deuses*, o florentino Roberto Calasso fala no prazer provocado pelo que ele chama de literatura absoluta, no sentido estrito de *absolutum*: sem amarras ou referências, "livre de qualquer tarefa ou causa comum e de qualquer utilidade social", e na dificuldade em definir o que, exatamente, a faz absoluta e nos enleva. "Temos de nos resignar a isto: que a literatura não oferece qualquer sinal, nunca ofereceu qualquer sinal, pelo qual pode ser imediatamente identificada", escreve Calasso, um daqueles italianos, como o Calvino e o Eco, que leram tudo e sabem tudo. "O melhor, se não o único, teste que podemos fazer é o sugerido por Housman (A. E. Housman, poeta e latinista inglês): observar se uma seqüência de palavras, silenciosamente pronunciada enquanto a navalha matinal desliza pela pele, eriça os cabelos da barba enquanto um arrepio desce pela espinha. E isto não é reducionismo fisiológico. Quem lembra uma linha de um verso ao se barbear experimenta esse arrepio, essa 'romaharsa', ou 'horripilação' como a que acometeu Arjuna no *Bhagavad Gita* quando deparou-se com a epifania de

Krishna. E talvez 'romaharsa' seria melhor traduzido como 'felicidade dos cabelos', porque 'harsa' significa 'felicidade' e também 'erecção', inclusive no sentido sexual. Isto é típico de uma língua como o sânscrito que não gosta do explícito, mas sugere que tudo é sexual."

Viu só? O prazer estético, no fundo — ou, no caso, na superfície —, é igual ao prazer sexual, também se manifesta no homem e na mulher, com ou sem barba, por uma excitação da pele, por um movimento milimétrico de cabelos felizes. O arrepio que você sente ao ver uma frase ou uma pessoa particularmente bem torneadas é o mesmo, e é o que Arjuna sentiu diante da epifania de Krishna, só que em sânscrito. "Romaharsa", guarde essa palavra. Quem sabe quando aparecerá a oportunidade de explorar o potencial erótico de uma citação do *Bhagavad Gita* dita assim no ouvido?

Outro assunto

Costuma-se citar a controvérsia sobre o sexo dos anjos que tomou conta da Igreja durante um certo período como exemplo extremo do que não tem nada a ver com nada, do detalhismo inútil, da perda de tempo com o desimportante e com o supérfluo, da futilidade tratada com mais ciência do que merece, ou da simples desconversa. Mas para os doutores da Igreja medieval reunidos em concílio o assunto era de grande importância. Nenhum deles estava desconversando ou entregando-se a um preciosismo vazio, estavam definindo um artigo da sua fé. Não sei bem como terminou a controvérsia. Parece que concluíram que os anjos tinham dois sexos, como os humanos, mas que isto não devia preocupar porque os sexos não eram opostos.

O assunto é relevante, portanto, e aproveitei uma experiência mística que tive na semana passada, quando meu anjo da guarda se materializou na minha frente, na mesa do café da manhã, para tirar qualquer dúvida. Ele ou ela ainda nem tinha se sentado e eu já estava perguntando:

— Qual é o seu sexo?

— Sou seu anjo da guarda e estou aqui para lhe dizer que... O quê?

— Você tem sexo?

Ele ou ela não gostou.

— Tenho mas deixei em casa — respondeu, com rispidez.

— É só para resolver uma dúvida antiga.

— Tenho sexo, mas isso não interessa. Estou aqui para...

— Masculino ou feminino?

Ele ou ela suspirou.

— Você não quer saber por que eu estou me materializando na sua frente?

— Quero, quero. Mas antes me responda...

— Não respondo nada! Vim para lhe avisar que esse negócio de terrorismo está deixando as pessoas meio irracionais, que estamos nos aproximando de um ano eleitoral e o pessoal está jogando pesado, que os ânimos estão exaltados, e que você, com esse seu esquerdismo que eu, confesso, nunca entendi muito bem, precisa cuidar do que escreve.

— Eu sei, eu sei.

— O melhor mesmo é não falar em política. Escolher outro assunto.

— Mas eu já escolhi outro assunto.

— Qual é?

— O sexo dos anjos.

— Mas é uma obsessão!

Grunhido eletrônico

"Querida Arroba Misteriosa. Sim, aceito casar com você. Será que o nosso será o primeiro casamento a nascer neste *chat site*? Pode dar matéria em revista.

Engraçado como são as coisas. Meus bisavós namoravam por correspondência. Foi um casamento arranjado pela família, a parte que emigrou e a parte que ficou na Europa. Só se conheceram quando ela chegou ao Brasil, de navio, e ele estava no cais, abanando as cartas dela em papel azul. Cheguei a ler uma destas cartas. Eram compridas, formais, o equivalente literário de um vestido abotoado até o pescoço. Um casto vestido azul. Não sei como eram as cartas do meu avô, mas tenho certeza de que ele tentou desabotoar, metaforicamente, alguns botões e até introduzir uma sugestão, um símile, uma alusão que fosse sob o vestido da bisa, sem sucesso. Corresponderam-se durante dois anos sem que ela sequer soubesse o que era sexo, quanto mais fazê-lo.

Já os meus avós se conheceram numa quermesse de igreja. Se mandavam recados pelo alto-falante da quermesse. 'Alô garota do vestido grená, seu admirador de boina azul lhe dedica a música...' Sabe? Durante quatro, cinco anos, eles só se falaram na quermesse anual da igreja, e sempre pelo alto-falante. Quando finalmente se aproximaram, foram mais dois anos de namoro e um de noivado e só na noite de núpcias, imagino, ficaram íntimos, e mesmo assim acho que o vovô disse 'com licença' antes de crã.

Meu pai pediu minha mãe em namoro, depois em noivado, depois pediu em casamento. Quando finalmente foi comê-la foi como chegar ao guichê certo depois de preencher todas as formalidades, reconhecer todas as firmas e esperar que chamassem a sua senha. Entende? Durante o namoro ele lhe mandava poemas. Minha mãe sempre dizia que os poemas é que a tinham conquistado, e que se fosse ser justa deveria ter casado com o Vinícius de Moraes. E você lembra qual foi a primeira coisa que você me disse quando nos conhecemos neste *site*? 'Eu não faço sexo no primeiro encontro, mas quem está contando?' Só muito depois perguntou meu nome verdadeiro — meu *nickname* era 'Brazilian Stallion', lembra? — e deu outros detalhes da sua personalidade.

As pessoas dizem que houve uma revolução sexual. O que houve foi o fechamento de um ciclo, uma involução. No tempo das cavernas, o macho abordava a fêmea, grunhia alguma coisa e a levava para a cama, ou para o mato. Com o tempo desenvolveu-se a corte, a etiqueta da conquista, todo o ritual de aproximação que chegou a exageros de regras e restrições e depois foi se abreviando aos poucos até voltarmos, hoje, ao grunhido básico, só que eletrônico. Fechou-se o ciclo.

A corte, claro, tinha sua justificativa. Dava à mulher a oportunidade de cumprir seu papel na evolução, selecionando para procriação aqueles machos que, durante a aproximação, mostravam ter aptidões que favoreciam a espécie, como potência física ou econômica ou até um gosto por Vinícius de Moraes. Isto quando podiam selecionar e a escolha era feita por elas, não pelos pais ou por casamenteiros. No futuro, quando todo namoro for pela Internet, todo sexo for virtual e as mulheres — ou os homens, nunca se sabe — só derem à luz *bytes*, o único critério para seleção será ter um computador com modem e um bom provedor de linha.

Quem ou o que será que nos juntou neste *site*, Arrobinha? Terá sido apenas o acaso, ou nossas almas já se buscavam no ciberespaço mesmo antes da Internet? Não interessa. O que interessa é que vamos nos casar e ser felizes. Por sinal, você ainda não disse o seu nome.

Sei que seremos felizes, Arroba Misteriosa. No futuro, muitos casamentos começarão assim como o nosso, num *chat site*.

Na nossa primeira conversa na Internet, você pediu especificações do meu aparelho e eu não sabia se você estava falando do meu computador ou do meu pênis. Mandei detalhes dos dois. Comecei na Internet procurando sexo, como todo mundo. Encontrei com facilidade. Só o que você precisa ter, além do *software* adequado, é curiosidade, tempo, paciência e um cartão de crédito internacional válido. Entrei em alguns *sites* incríveis. Eu pensei que conhecesse todas as variedades de sexo possíveis. Não conhecia nem a metade. De sexo com frutas e plantas eu já sabia. Mas não entrei nessa não. Meu negócio era gente. Meu negócio, vamos ser bem claros, era a minha solidão. Decidi criar coragem e entrar nesta sala de bate-papo na Internet para me comunicar com outros como eu. E com mulheres. Sou um cara tímido, meus contatos pessoais com mulheres sempre foram difíceis. A verdade é que minha vida sexual se resumia em chamadas para sex-fones em lugares que eu nunca identifiquei. Todas as mulheres tinham sotaque português e, quando eu perguntava onde elas estavam, respondiam 'na cama', pois, ou 'na banheira, ora' e nunca diziam o país. Uma me perguntava uma coisa que parecia 'estereto?'. Eu não entendia. Ela estereto?, e eu 'o quê?'. E ela 'estereto, pois não?', e eu 'o quê?'. Até que ela perdeu a paciência e gritou o nome da peça! Pensei que estivesse me xingando, só depois me dei conta de que estava perguntando se ele estava ereto. Não era uma vida sexual satisfatória. Até que entrei na Internet e você apareceu, Arrobinha. Foi como se eu fosse um peixe, um peixe pequeno me debatendo na rede, pedindo para ser notado e ao mesmo tempo com medo de ser pescado, e você tivesse metido sua longa mão branca na água e me pegado. Pelo menos imagino que a sua mão seja longa e branca. A primeira coisa que você me disse foi: 'Eu não faço sexo no primeiro encontro, mas quem está contando?' Eu disse que o meu nome verdadeiro não era 'Brazilian Stallion' e dei o meu verdadeiro nome — falso, claro — e só naquele nosso primeiro papo ficamos mais de uma hora, lembra? Durante a qual você me disse que tinha uma coleção de ursos de pelúcia que dormiam com você e era loira e alta e eu me apaixonei. Eu me apaixonei por palavras na tela de um computador. Amor ao primeiro *chat*.

    Naquela noite, tenho que confessar, eu tive um pensamento terrível. E se fosse tudo mentira? Se você não fosse o que dizia ser, nem loira, nem alta, nem louca para me conhecer e, meu Deus, nem mulher? Agora sei que você é sincera, e você sabe o meu nome de verdade mesmo. Vamos nos casar. Mas antes precisamos nos conhecer. Já fizemos o amor virtual, agora precisamos ter o supremo contato sexual, a união externa, a coisa mais íntima que dois seres podem fazer, que é nos olhar nos olhos. Enquanto não nos encontrarmos, Arrobinha, tudo permanecerá uma mentira em potencial. A começar pelos nossos orgasmos simultâneos. Diga a verdade. Você estava fingindo, não estava?"

Tesouro

Dois velhos sátiros conversando. Sobre as menininhas.
— Que safra.
— Grande safra.
— Cada neném...
— Nem me fala.
— Lindas.
— E desinibidas.
— Desinibidas. Sem preconceitos.
— Informais.
— Nenhuma chama a gente de senhor.
— Agora, tem uma coisa...
— O quê?
— Não sei se acontece isto com você, mas às vezes...
— O quê?
— Falta papo. É ou não é?
— Como assim?

— Sei lá. Está certo que o que a gente procura nelas não é estímulo intelectual. Mas de vez em quando a gente gosta de... não é mesmo? Conversar. Trocar idéias.

— Nem que seja só para recuperar o fôlego.

— Exato. E não dá. Esta geração não leu nada.

— Nada.

— Antigamente ainda liam *O pequeno príncipe*.

— Liam *O pequeno príncipe* demais, para o meu gosto.

— Mas liam. Quer dizer, rendia cinco minutos de conversa. Hoje, nem isto.

— Mas isso tem o seu lado bom.

— Bom?

— Bom, não. Formidável.

— Como, formidável?

— Você não vê?

— O quê?

— Você ainda não se deu conta?

— Do quê?

— Meu querido. Elas não conhecem Vinicius de Moraes!

— E o que que...

— Esta é a primeira geração brasileira em muitos anos a passar pela puberdade sem ler Vinicius de Moraes. Intocada por Vinícius de Moraes. Virgem de Vinicius de Moraes.

— Sim, mas...

— Lembra antigamente, quando a gente começava um verso do Vinicius para uma menininha? O que acontecia?

— Ela terminava.

— Isso. Sabia de cor. Claro que aquilo ajudava. Aproximava vocês. Você mostrava que era um cara sensível e ela se convencia de que, gostando dos mesmos versos, vocês eram feitos um para o outro. Nascia um amor eterno enquanto durasse, mesmo que fosse só uma noite.

— E hoje?

— Hoje você diz uma frase de Vinicius no ouvido de uma menininha e ela pensa que a frase é sua. É a mesma coisa, sem o Vinicius. Elimina-se o intermediário.

— Será?

— Há alguns anos eu estou passando frases do Vinicius de Moraes como se fossem minhas, improvisadas na hora. Poemas inteiros.

— Mas fazem efeito?

— O quê? Elas estão acostumadas com a conversa dos garotos da idade delas. Uma espécie de português reduzido às interjeições. Qualquer vocabulário com mais de 17 palavras deixa elas extasiadas. As que não admiram a poesia, admiram a prolixidade.

— Eu não tinha pensado nisso.

— Experimente.

— E se aparecer uma que conhece o Vinicius? Serei desmascarado.

— Se aparecer uma que conhece o Vinicius será velha demais para você. E pense no seguinte: tudo o que o Vinicius escreveu sobre o amor. Sem contar as letras de músicas. É um tesouro inesgotável. E tudo inédito, para elas. Ler o Vinicius, para refrescar a memória, é uma das últimas coisas que eu faço todas as noites, antes de dormir.

— E a última, qual é?

— Tomar a minha gemada.

Emoção

Débora. O nome já é um atestado de saúde, com suas vogais explosivas. Ela tem 19 anos e faz sensação na praia com seu corpão que o biquíni só tapa aqui e alizinho. Os seios transbordam. Com cada uma das suas pernas daria para fazer outra mulher, e que mulher! Ela corre na praia diariamente, faz *surf* e musculação e contam que todos os dias, no almoço, come um homem, dos pequenos. E deu bola para o Pio.

    O Pio, que recebeu este nome da mãe religiosa, mas o desmente desde os 13, mal pôde acreditar. Os amigos o incentivaram: "Vai nessa." Mas com uma condição. Tinha que contar tudo. Mulher como aquela tinha que ser compartilhada, mesmo que fosse só contando. Por uma elementar questão de justiça social. Débora e Pio começaram a namorar. Na primeira noite foram passear de automóvel atrás dos cômoros. A praia tinha grandes cômoros, que os antigos chamavam "motéis que andam". No dia seguinte, enquanto a Débora fazia seu *jogging*, os amigos cercaram o Pio.

— Conta.

O Pio hesitou. Queriam ouvir mesmo?

— Conta.

— Fomos para trás dos cômoros.

Alguns começaram a salivar neste ponto. Outros aguardavam o desenrolar dos acontecimentos. Outros, ainda, pediram detalhes.

— Como é que ela estava vestida?

— *Shorts*.

— Ai!

— Chegamos atrás dos cômoros e começamos a conversar...

— Corta os créditos e o diálogo. Chega ao principal.

— Não houve.

— O quê?

— Na hora eu... eu...

— Conta!

— Comecei a chorar.

Abriu-se uma clareira de espanto. A chorar? O Pio ficara emocionado, era isso. Chorava convulsivamente. E Débora até teve que dirigir o carro, na volta. Os amigos se entreolharam. Depois olharam para a Débora, que acabara de passar na corrida. Era compreensível. O Pio era assim, sei lá. Emotivo. Mas ninguém ali podia dizer como reagiria com a Débora, um dia atrás dos cômoros. Ninguém.

Farsa

Quando ouviu o ruído da porta do apartamento sendo aberta a mulher soergueu-se ligeiro na cama e disse, ela realmente disse:

— Céus, meu marido!

O amante ergueu-se também, espantado, menos com o marido do que com a frase.

— O que foi que você disse?

— Eu disse "Céus, meu marido!".

— Foi o que eu pensei, mas não quis acreditar.

— Ele me disse que ia para São Paulo!

— Talvez não seja ele. Talvez seja um ladrão.

— Seria sorte demais. É ele. E vem vindo para o quarto. Rápido, esconda-se dentro do armário!

— O quê? Não. Tudo menos o armário!

— Então embaixo da cama.

— O armário é melhor.

O amante pulou da cama, pegou sua roupa de cima da cadeira e entrou no armário, pensando "isto não pode estar acontecendo". Começou a rir, descontroladamente. Até se lembrar que tinha deixado seus sapatos ao lado da cama. Ouviu a porta do quarto se abrir. E a voz do marido.

— Com quem é que você estava conversando?

— Eu? Com ninguém. Era a televisão. E você não disse que ia para São Paulo?

— Espere. Aqui no quarto não tem televisão.

— Não mude de assunto. O que é que você está fazendo em casa?

O amante começou a rir. Não podia se conter, mesmo sentindo que assim fazia o armário sacudir. Tapou a boca com a mão. Ouviu o marido perguntar:

— Que barulho é esse?

— Não interessa. Por que você não está em São Paulo?

— Não precisei ir, pronto. Estes sapatos...

O amante gelou. Mas o marido se referia aos próprios sapatos, que estavam apertados. Agora devia estar tirando os sapatos. Silêncio. O ruído da porta do banheiro sendo aberta e depois fechada. Marido no banheiro. O amante ia começar a rir outra vez quando a porta do armário se abriu subitamente e ele quase deu um berro. Era a mulher para lhe entregar seus sapatos. Ela fechou a porta do armário e se atirou de novo na cama antes que ele pudesse avisar que aqueles sapatos não eram os dele, eram os do marido. Loucura!

Porta do banheiro se abrindo. Marido de volta ao quarto. Longo silêncio. Voz do marido:

— Estes sapatos...

— O que é que tem?

— De quem são?

— Como, de quem são? São os seus. Você acabou de tirar.
— Estes sapatos nunca foram meus.
Silêncio. Mulher obviamente examinando os sapatos e dando-se conta do seu erro. O amante, ainda por cima, com falta de ar. Voz da mulher, agressiva:
— Onde foi que você arranjou estes sapatos?
— Estes sapatos não são meus, eu já disse!
— Exatamente. E de quem são? Como é que você sai de casa com um par de sapatos e chega com outro?
— Espera aí...
— Onde foi que você andou? Vamos, responda!
— Eu cheguei em casa com os mesmos sapatos que saí. Estes é que não são os meus sapatos.
— São os sapatos que você tirou. Você mesmo disse que estavam apertados. Logo, não eram os seus. Quero explicações.
— Só um momentinho. Só um momentinho!
Silêncio. Marido tentando pensar em alguma coisa para dizer. Finalmente, a voz da mulher, triunfante:
— Estou esperando.
Marido reagrupando as suas forças. Passando para o ataque.
— Tenho certeza absoluta... absoluta! que não entrei neste quarto com estes sapatos. E olhe só, eles não podiam estar apertados porque são maiores do que o meu pé.
Outro silêncio. A mulher, friamente:
— Então só há uma explicação.
O marido:
— Qual?
— Eu estava com outro homem aqui dentro quando você chegou. Ele pulou para dentro do armário e esqueceu os sapatos.
Silêncio terrível. O amante prenderia a respiração se não precisasse de ar. A mulher continuou:

— Mas nesse caso onde é que estão os seus sapatos?

O homem, sem muita convicção:

— Você poderia ter entregue os meus sapatos para o homem dentro do armário, por engano.

— Muito bem. Agora, além de adúltera, você está me chamando de burra. Muito obrigada.

— Não sei não, não sei não. E eu ouvi vozes aqui dentro...

— Então faz o seguinte. Vai até o armário e abre a porta.

O amante sentiu que o armário sacudia. Mas agora não era o seu riso. Era o seu coração. Ouviu os pés descalços do marido aproximando-se do armário. Preparou-se para dar um pulo e sair correndo do quarto e do apartamento antes que o marido se recuperasse. Derrubaria o marido na passagem. Afinal, tinha os pés maiores. Mas a mulher falou:

— Você sabe, é claro, que no momento em que abrir essa porta estará arruinando o nosso casamento. Se não houver ninguém aí dentro, nunca conseguiremos conviver com o fato de que você pensou que havia. Será o fim.

— E se houver alguém?

— Aí será pior. Se houver um amante de cuecas dentro do armário, o nosso casamento se transformará numa farsa de terceira categoria. Em teatro barato. Não poderemos conviver com o ridículo. Também será o fim.

Depois de alguns minutos, o marido disse:

— De qualquer maneira, eu preciso abrir a porta do armário para guardar a minha roupa...

— Abra. Mas pense no que eu disse.

Lentamente, o marido abriu a porta do armário. Marido e amante se encararam. Nenhum dos dois disse nada. Depois de três ou quatro minutos o marido disse: "Com licença", e começou a pendurar sua rou-

pa. O amante saiu lentamente de dentro do armário, também pedindo licença, e se dirigiu para a porta. Parou quando ouviu um "psiu". Disse:
— É comigo?
— É — disse o marido. — Os meus sapatos.

O amante se lembrou que estava com os sapatos errados na mão, junto com o resto da sua roupa. Colocou os sapatos do marido no chão e pegou os seus. Saiu pela porta e não se falou mais nisso.

Pêlos pubianos (2)

(Divagações sobre os pêlos pubianos da Vera Fischer na *Playboy*, parte dois.)

O aparecimento dos primeiros pêlos pubianos na *Playboy* americana foi um marco na história da hipocrisia ocidental. Durante muito tempo, uma das razões do sucesso da revista da National Geographic Society era que nas suas páginas os americanos podiam olhar fotografias de mulheres nuas e dizer que era interesse antropológico. As mulheres eram nativas de lugares exóticos, quase sempre de pele escura, estudá-las não requeria culpa nem dissimulação. Até o surgimento da *Playboy*, peitos nus, vendidos por cima do balcão, só os da *National Geographic*. Não por acaso, a primeira mulher a aparecer na *Playboy* completamente despida — ou seja, despida até dos recursos usados até então para tapar ou disfarçar pêlos pubianos — foi uma modelo negra. Uma volta às "nativas", para a transição não chocar tanto.

Foi o fim da era do *airbrush*, aquele instrumento de espargir tinta que nos meus tempos de artista pré-computador se chamava "pistola", usado para retocar as fotos das despidas. Hoje o computador elimina eletronicamente celulite, manchas, marcas de maiô e de mordida de namorado ou mosquito, tudo que ninguém precisa ver, mas, felizmente, não toca nos pêlos pubianos das fotografadas. Elas é que se depilam ou não, ou se fazem o que pode ser chamado de jardinagem criativa, às vezes até com mensagem, mas a hipocrisia acabou.

Levou tempo, mas a Maja do Goya, a primeira *playmate*, a primeira ilustração respeitável da máxima de Diderot de que há uma diferença entre mulher nua e mulher despida, pôde finalmente ostentar todo o seu glorioso desnudamento, frontal, natural e sem subentendidos. A história do triunfo da pura beleza feminina sobre o preconceito disfarçado de bom gosto, sobre o eufemístico "nu artístico" e outros falsos pruridos, é a história da lenta afirmação dos pêlos pubianos no mundo. Que chega a uma espécie de apoteose com os da Vera Fischer na *Playboy*.

As outonais

As mulheres de verão vêm e vão. As outonais, não. As primaveris gostam de frege. As outonais, de tons de bege. As invernais são informais. As outonais — embora, vez que outra, deixem você hibernar sob o seu pulôver fazendo barulhos de urso e às vezes até topam fazer coisas com chocolate na cama — são mais formais.

Cuidado com as mulheres de meia estação. São mulheres de meia calça e meia paixão.

A melhor definição conhecida para uma mulher outonal é: torneira moderna. Daquelas lisas, em que nada indica a temperatura da água. Nem "F", nem "Q", nem "H" (de "hot") nem "C" (de "cold"), nem pontinho vermelho ou azul. Ela pode vir pelando quando você quer fria e fria quando você quer pelando, sabe como é? Você sabe como é.

As outonais têm um jeito de fazer você se sentir o primeiro dos homens. Um pré-macaco, um organismo primário.

O outono não é uma estação feminina, apesar de elas ficarem tão bem de botas. Por isso elas estão sempre na defensiva, sentem-se intrusas num mundo marrom e masculino. Sua defesa é o desprezo e a moda. Desprezam você e se vestem para outras mulheres.

A elegância das outonais é o seu uniforme de campanha. É com ele que elas ocupam a nossa estação, e nos arrasam.

Só se aproxime delas se for chamado.

E com muito, mas muito, cuidado.

O poeta

Disse o homem:
— Teus cabelos são como trigais ao vento, tanta beleza eu não agüento.
A mulher sorriu. Era a primeira vez que iam para a cama. Ela não sabia que ele fazia versos. Ainda mais numa situação daquelas. Ele continuou:
— Tua fronte, amada, tem o frescor da madrugada. Teus olhos límpidos e sensuais são como tépidos mananciais. Esses lábios lindos de que és dona, como pétalas de anemona...
Ela hesitou, depois disse:
— Acho que é anêmona.
— Como é?
— Não é anemona, é anêmona.
— Tem certeza?
— Não tem importância. Continua.
— Espera. O que é que rima com anêmona?

— Deixa pra lá.

Mas ele tinha sentado na cama e agora, em vez de acariciá-la, espremia a própria cabeça.

— Anêmona, anêmona...

— Sêmola.

— Hein?

— Sêmola rima com anêmona.

— Pois é... — hesitou ele.

Era um desafio. Ele levantou-se da cama e deu algumas voltas, nu, pelo quarto.

— Sêmola, sêmola...

De repente estalou os dedos. Tinha encontrado. Voltou rapidamente para a cama e retomou a mulher nos braços.

— Onde nós estávamos?

— Na boca.

— Tua boca tem gosto de sêmola, teus lábios são pétalas de anêmona.

— Você é um poeta mesmo.

— Todo o teu rosto tão raro do nosso amor é o labaro.

— Não é...

Ele parou e afastou-se.

— Não é o quê?

— Nada, não. Continua, continua — disse ela, puxando-o de volta.

Aquilo

— De uns tempos para cá, eu só penso naquilo.
— Eu penso naquilo desde os meus, sei lá, 11 anos.
— Onze anos?
— É. E o tempo todo.
— Não. Eu, antigamente, pensava pouco naquilo. Era uma coisa que não me preocupava. Claro que a gente convivia com aquilo desde cedo. Via acontecer à nossa volta, não podia ignorar. Mas não era, assim, uma preocupação constante. Como agora.
— Pra mim sempre foi. Aliás, eu não penso em outra coisa.
— Desde criança?!
— De dia e de noite.
— E como é que você conseguia viver com isso, desde criança?
— Mas é uma coisa natural. Acho que todo mundo é assim. Você é que é anormal, se só começou a pensar naquilo nessa idade.
— Antes eu pensava, mas hoje é uma obsessão. Fico imaginando como será. O que eu vou sentir. Como será o depois.

— Você se preocupa demais. Precisa relaxar. A coisa tem que acontecer naturalmente. Se você fica ansioso é pior. Aí sim, aquilo se torna uma angústia, em vez de um prazer.

— Um prazer? Aquilo?

— Pra você não sei. Pra mim, é o maior prazer que um homem pode ter. É quando o homem chega ao paraíso.

— Bom, se você acredita nisso, então pode pensar naquilo como um prazer. Pra mim é o fim.

— Você precisa de ajuda, rapaz.

— Ajuda religiosa? Perdi a fé há muito tempo. Da última vez que falei com um padre a respeito, só o que ele me disse foi que eu devia rezar. Rezar muito, para poder enfrentar aquilo sem medo.

— Mas você foi procurar logo um padre? Precisa de ajuda psiquiátrica. Talvez clínica, não sei. Ter pavor daquilo não é saudável.

— E eu não sei? Eu queria ser como você. Viver com a perspectiva daquilo naturalmente, até alegremente. Ir para aquilo assoviando.

— Ah, vou. Assoviando e dando pulinho. Olhe, já sei o que eu vou fazer. Vou apresentar você a uma amiga minha. Ela vai tirar todo o seu medo.

— Sei. Uma dessas transcendentalistas.

— Não, é daqui mesmo. Codinome Neca. Com ela é tiro e queda. Figurativamente falando, claro.

— Hein?

— O quê?

— Do que é que nós estamos falando?

— Do que é que você está falando?

— Daquilo. Da morte.

— Ah.

— E você?

— Esquece.

Brindes

Marcos e Nádia, Paulo e Andréa. Jantar na casa de Marcos e Nádia para comemorar a reconciliação de Paulo e Andréa. Os quatro na sala, depois do cafezinho. Marcos e Paulo, conhaque; Nádia e Andréa, licor.

Marcos:

— E então?

Paulo e Andréa coxa a coxa no sofá. Mãos dadas. Paulo, rindo:

— Então o quê?

— Tudo na mais perfeita?

Paulo mostra as mãos dos dois entrelaçadas.

— Olha só.

Andréa:

— Não largo mais desta mão.

Em seguida larga, para ajeitar o cabelo.

— E vocês? — pergunta Andréa.

Marcos e Nádia se entreolham.

— Nós? — diz Nádia. — Muito bem. Maravilha.
— Como a gente briga por bobagem, não é mesmo? — diz Paulo. — Coisas pequenas. O que um diz ou deixa de dizer. Bobagens. O importante é isto aqui.

Mostrando a mão.

— A aliança.
— Não, a pele. O importante é a pele. Uma pele contra a outra. Se é bom, é porque é certo.

Marcos propõe:
— Um brinde à pele.
— À pele.
— À pele.
— À pele.

Nádia:
— Em nome de todas as mulheres aqui presentes, proponho um brinde aos homens.
— Principalmente aos peludos.

Uma referência à quantidade de pêlos que cobrem o corpo de Paulo.
— Aos pêlos — reforça Nádia.
— Aos pêlos.
— Aos pêlos.
— Aos pêlos.

É a vez de Paulo propor um brinde.
— Às mulheres, principalmente às nossas.

Marcos acrescenta:
— Às suas calcinhas penduradas no banheiro.
— Às calcinhas.
— Às calcinhas.

Nádia não brinda às próprias calcinhas. Propõe uma alternativa.
— Aos homens que não jogam nenhum papel fora.

Marcos propõe outro:

— À tolerância. Às mulheres que aceitam seus maridos como eles são.

Nádia:

— A todas as mulheres do mundo que precisam encontrar espaço para guardar os papéis que seus maridos não jogam fora.

Paulo tenta mudar o rumo dos brindes e sugere:

— Ao amor.

Mas Nádia não se contém.

— Anúncio de telepizza. Vocês acreditam? Anúncio de telepizza!

— O quê?

— Esses volantes que distribuem na rua. Ele não consegue jogar fora.

— Não é bem assim... — tenta Marcos.

— E eu que encontre lugar para guardar.

Marcos contra-ataca.

— E a minha coleção da *Placar*? Desde o primeiro número. Você jogou no lixo.

— Porque precisava do espaço no armário! Pra pendurar roupa!

— Para as suas calcinhas eu sei que não era. Essas você pendura no banheiro.

Nádia ergueu seu copo de licor ainda mais.

— Às mulheres de maníacos de todo o mundo.

Marcos:

— A todos os maníacos incompreendidos!

Paulo bate na perna de Andréa.

— Está na hora de ir dormir.

***

Depois, na cama, Paulo comenta com Andréa:

— Acho que com o Marcos e a Nádia, ó... Está faltando isto. Pele.

Ele alisa com a mão a parte carnuda do braço de Andréa.
— Sei não — diz Andréa. — Anúncio de telepizza...
— Qual é o problema?
— Francamente, Paulo.
— Não, qual é o problema?

Mulheres bonitas

Existem duas vantagens de se chegar a uma certa idade. Uma é que você tem mais coisas para lembrar, e a outra eu não me lembro. No outro dia me pediram uma lista das dez brasileiras mais bonitas do século e eu, sem tempo para pensar muito, fiz uma lista mais ou menos óbvia que começava com a Tônia Carrero e terminava com a Patrícia Pillar. Só quando não adiantava mais lembrei de umas 17 que não podiam faltar entre as dez — inclusive, onde eu estava com a cabeça, a Luíza Brunet!

Mulher bonita é um pouco como jogador de futebol, preservada a diferença na distribuição dos músculos. Quem tem mais anos de praia e de observação pode tirar da memória, só para ser diferente, um nome que ninguém mais se lembra. Vocês acham que o Pelé era bom? É porque vocês não viram jogar o... (Dá até para inventar um para-Pelé que só não teve a mesma sorte, não faltarão pessoas da sua idade para confirmar que era mesmo um fenômeno injustiçado, ou porque não se lembram de mais nada ou para não parecer que não se lembram de mais nada.) Há um certo prazer melancólico em poder dizer "Vocês acham essa Paola da novela bonita? É porque vocês não conheceram a...". E acrescentar que no tempo da outra não existia maquiagem profissional, filtros, recursos de luz e, pensando bem, nem eletricidade. Muitas belezas antigas devem a sua reputação à falta de um registro confiável, à propaganda boca a boca. Helena de Tróia, a tal do perfil que começou uma guerra, talvez não resistisse a uma fotografia, ou só resistisse com um retoque eletrônico, depois. Cleópatra dificilmente sairia na *Playboy*, pelo menos com aquele nariz. Provavelmente nenhuma das legendárias beldades bíblicas conseguiria uma ponta em *Malhação*.

Fora as brasileiras, a mulher mais bonita do século foi a Maureen O'Hara, e peço briga. Sua beleza vencia até eventuais restrições a mulheres muito grandes ou muito irlandesas. Ela era grande, irlandesa, ruiva mas perfeita. Quem foi a Maureen O'Hara, você pergunta? Eu sabia que estava falando sozinho.

A escolha

Nélia ficou muito impressionada quando perguntou à sua amiga Laurita o que ela achava do Paulo Artur, da sua intenção de casar com o Paulo Artur, e a Laurita ficou olhando para ela em silêncio, depois disse:

— Nelinha, você tem um compromisso com a espécie.

— O quê?

Nélia não sabia de compromisso algum. Que espécie? Laurita suspirou e perguntou o que a Nélia estava pensando. Que a questão era só aquela? Que era simples assim, caso ou não caso? Que não havia uma história por trás da sua história pessoal, a história da raça, a história dos genes da raça?

— A espécie humana, Nelinha. A espécie humana. Você é responsável pela espécie humana.

Nelinha cada vez mais assustada:

— Eu?!

— Somos nós, as mulheres, que determinamos a evolução da espécie. Nós somos as responsáveis. Você e eu, Nelinha. É assim em todas as espécies, a fêmea tem a última palavra sobre quem vai engravidá-la, sobre que tipo vai se reproduzir, sobre qual corrente genética continua e qual acaba. Você já pensou nisso? No poder que você tem? Com um simples "não" você pode interromper uma linhagem de DNA que vem desde a criação do mundo. Recusando-se a ter seu filho, você pode, sem saber, estar negando a reprodução do último descendente direto de Adão, e bem feito.

— Mas o Paulo Artur não...

— Nelinha. Escuta. O período de namoro, de noivado, é a oportunidade que nós temos de avaliar se o homem que pretende depositar sua semente em nós merece isso. Ele só quer cumprir o seu papel, que é passar adiante, por assim dizer, a sua encomenda genética. Não está nem aí. Cabe a nós ter critérios e selecionar os melhores, para o bem da espécie, Nelinha. A corte, o assédio, a conquista, tudo isso existe até entre os cascudos, Nelinha, até entre os cascudos, e é a ajuda que a natureza nos dá para fazermos a seleção. Para compararmos os machos em todos os quesitos que significarão a evolução ou o atraso da raça. Estejam eles trocando cabeçadas numa savana africana ou comparando bíceps ou carteiras de ações na nossa frente, os machos estão se entregando ao nosso escrutínio, à nossa sentença. Disputando a nossa aprovação e o privilégio de usarem o nosso ventre. Mas a decisão final é nossa. A responsabilidade é nossa, Nelinha.

Nélia ficou muda. Não sabia que era tão importante. Laurita arrematou, para completar:

— E o Paulo Artur, francamente...

Paulo Artur não tinha nada para contribuir à espécie a não ser sua cara. E uma coisa que a espécie decididamente não estava precisando era outra covinha no queixo.

Sexo à distância (2)

Entre as várias maneiras de se fazer sexo da forma mais segura, à distância, está o sexo por telepatia. Mas sexo telepático tem seus problemas. O que fazer quando se tem um orgasmo num lugar público, por exemplo. Você precisa saber como agir no caso de estar tendo relações sexuais com alguém do outro lado da cidade, por exemplo, e chegar ao orgasmo dentro de um elevador lotado. O recomendado é que você simule um arrepio de frio e comente em voz alta "Devo estar me gripando", enquanto, por telepatia, pergunta à sua parceira como foi do lado dela. Só cuidado, claro, para não trocar e dizer à sua parceira que está se gripando e perguntar ao elevador: "Foi bom pra vocês também?".

O sexo por telefone também envolve problemas, como dizer coisas tipo "quero sentir minha haste latejante entre suas polpas carnudas", para uma secretária eletrônica depois do sinal sem se sentir ridículo etc. Outra possibilidade a ser explorada é o sexo por telefonia móvel, já havendo casos de casais que vão para motéis com seus celulares e ficam se amando, cada um de um lado da cama. No caso do sexo por correspondência, as principais dúvidas são sobre correção gramatical (afinal, é "o tesão" ou "a tesão"?), ortografia ("felação" não é com dois "esses", não importa com que grupo você ande) e estilo (como utilizar toda a carga erótica de um ponto-e-vírgula bem colocado, por exemplo).

Finalmente, não poderia ficar de fora o excitante mundo novo do sexo virtual, dos simuladores computadorizados que reproduzem a experiência sexual com realismo total e risco zero. Só é preciso estar alerta para os perigos do *software* pirateado e do disquete trocado e de você acabar numa cama virtual com o Vampeta e a Madeleine Albright. E, claro, dos efeitos presumíveis de uma abrupta queda de voltagem na sua haste latejante.

Cuidado com o que você pede...

Pô, Luana.
— Não chega nem perto.
— Mas estamos só você e eu nesta ilha. E estaremos aqui pelo resto das nossas vidas.
— Vai ler o teu livro, vai. Você não disse que era o seu favorito?
— Mas eu já li o livro várias vezes.
— Então vai ouvir o teu disco e me deixa em paz.
— Com que aparelho? Nesta ilha não tem eletricidade. Nesta ilha não tem nada. Só coqueiros. E nós dois.
— A escolha foi sua. Ninguém me perguntou nada.
— Como é que eu ia saber que a pergunta não era hipotética? Que quando o cara me perguntou que livro, que disco e que mulher eu levaria para uma ilha deserta, não era pesquisa? Que ele ia interpretar não como sonho, mas como pedido?
— Você devia ter desconfiado do turbante.
— Se eu soubesse, teria pedido mantimentos. Enlatados, champanhe. Um gerador. Algum tipo de moradia, com som e mordomia. Talvez um bar. Sei lá. E 30 anos menos.

— Azar.
— Pô, Luana. Só um beijinho.
— Não-ô.
Passa o tempo. Eu e Luana Piovani conseguimos sobreviver na ilha deserta, mas a duras penas. Dada a nossa diferença de idades e de preparo físico, é ela que trepa nos coqueiros para pegar o coco e constrói a cabana rudimentar que nos abriga, com camas de capim separadas. Ela reluta, depois acaba cedendo aos meus insistentes pedidos e tira o sutiã, mas só para fazermos um anzol do fecho de metal. Conseguimos pegar alguns peixes, usando mariscos como isca. Como não temos fósforo, fazemos fogo usando o CD do Miles Davis com o Sonny Rollins e o Horace Silver para refletir a luz do sol num monte de gravetos e alimentando o fogo com as páginas de *O grande Gatsby*. Quando termina o papel, usamos capim seco, ou comemos o peixe cru mesmo. Improviso uma armadilha para roedores com o estojo de plástico do CD. Não pegamos nada. A ilha é tão deserta que não tem nem roedor. De noite, tento me aconchegar a Luana, para pelo menos nos protegermos do frio. Ela me repele.
— Não-ô.
Passam-se anos. Um dia, sinto a Luana mordiscando a minha orelha. Me afasto. Mesmo se quisesse alguma coisa com ela, não poderia. Estou anêmico e enfraquecido. A dieta de coco, peixe cru e água da chuva não me fez bem. E a Luana também está péssima. A roupa esfarrapada deixa entrever quase todo o seu corpo curtido pelo sol e o vento, mas eu nem olho mais. Ela insiste na orelha. Diz que já que estaremos lá para sempre e não tem remédio... Eu me recuso. Se estivéssemos em qualquer outro lugar e não lutando para sobreviver daquele jeito, talvez rolasse alguma coisa entre nós. Mas naquelas condições estressantes, numa ilha deserta... Pego o que sobrou de *O grande Gatsby*, as duas capas apodrecidas, e finjo que leio, para desencorajá-la.
— Pô, Luis Fernando.
— Azar — suspiro.

Fase 4

O nome é Tratamento de Emergências Sexuais Assinérgicas e Orgânicas. Ou "TESAO", com o til subentendido. Começa com uma entrevista.

— Como podemos ajudá-lo?

— Eu não consigo mais ter uma ereção, doutor.

— Vamos dar um jeito nisso. O senhor sabe como nós trabalhamos?

— Não, eu...

— Passe para a salinha ao lado, tire toda a roupa e deite-se. De costas.

O homem passa para a salinha ao lado, tira toda a roupa e deita-se de costas. Dali a instantes entra uma moça vestida de enfermeira que também tira toda a roupa e deita-se ao lado do homem. Ela é linda. O homem hesita, depois pergunta:

— O que nós vamos fazer?

— Conversar.

— Conversar?

— Bem, eu vou falar. Mas o senhor pode fazer perguntas, se quiser.

E a moça passa a relatar sua vida sexual. Desde a primeira vez, aos 16 anos, com o namorado, e os pontos altos desde então. O que fazia, do que gostava, as experiências com posições diferentes, combinações de parceiros, acessórios... Depois de uma hora, o médico entra na salinha.

— E então?
— Nada — diz a moça, vestindo-se.
— Nada — confirma o paciente.
— Nem um tremor? Nem um abano?
— Nada.
— Muito bem — diz o médico. — O estímulo verbal não funcionou. Vamos passar para a Fase 2.
— Fase 2?
— A Sandrinha.

A Sandrinha também é linda. E a Sandrinha também tira toda a roupa, assim que o médico sai da salinha. Mas a Sandrinha não se deita ao lado do paciente. Trouxe seus óleos e pomadas e começa a massagear o paciente, concentrando-se na área deficiente. Sem resultado. Quando o médico volta, uma hora depois, ela apenas sacode a cabeça. Nada.

— Nada — confirma o paciente.
— Nem um aceno? Nem um bom-dia?
— Nada.
— Muito bem. O estímulo manual também não funcionou. Vamos passar para a Fase 3.

A Fase 3 é a Mônica. Outra beleza. Que também tira toda a roupa. E em seguida dá ao paciente uma pílula e, enquanto o paciente toma a pílula com a ajuda de um copinho d'água, tira da sua maleta uma seringa e uma agulha.

— Epa! — diz o paciente, quando vê a seringa.

— Não vai doer nada — diz a Mônica, ajustando a agulha. — Vire-se de bruços.

Realmente, a injeção na nádega não dói nada. Mas o homem arregala os olhos quando vê a Mônica mergulhar a mão na maleta outra vez.

— O que você vai fazer agora?

— Esperar para ver se faz efeito — diz Mônica, sorrindo.

E tira de dentro da maleta uma revista para ler enquanto espera.

— Vire-se — instrui Mônica.

O paciente fica deitado de costas e a Mônica fica lendo a sua *Caras*, e às vezes espiando para ver se há algum movimento, por uma hora. Até o médico reaparecer.

— Nada?

— Nada.

— Bom — diz o médico. — O estímulo verbal não funcionou, o estímulo manual não funcionou, o estímulo químico não funcionou...

— Eu estou desenganado, doutor?

— Nós nunca desistimos. Já estabelecemos que seu caso não pode ser resolvido cientificamente. Esqueceremos a ciência e passaremos à Fase 4.

— A Fase 4?

— A Jandira.

A Jandira já entra na salinha nua. É uma mulher magnífica, negra, com grandes seios, perfumada, ondulante. Como que por mágica, a iluminação da salinha diminui à sua entrada e sons de tambores enchem o ambiente.

— Oi, bem — diz Jandira, com sua voz rouca.

— Oi...

— Vamos começar?

— Va-vamos. Eu só acho que não vou con...

— Vai sim. Deixe que eu faço tudo.

O paciente fecha os olhos e se prepara para ser montado por aquele corpo quente, apertado por aquelas coxas lustrosas, docemente sufocado pelo volume daqueles seios rijos... Mas só o que sente são alguns respingos na barriga. Abre os olhos e vê que Jandira está espargindo um líquido sobre seu pênis com um galho do que parece ser arruda. Ela está de olhos fechados, com o rosto voltado para o alto, e começa a entoar:

— Iamantuê nanguem babô, iamantuê nanguem babô...

Uma velha encantação para convocar o espírito dos mortos.

Conto erótico

— Às suas ordens.
— Que-quem é?
— Às suas ordens.
— Acho que apertei o botão errado. Ainda não me acostumei com o painel deste novo sistema. Como é que eu faço para conseguir uma linha direta?
— Linha direta: comprima o botão vermelho no canto direito inferior do painel. Aguarde. Se não der sinal de linha, comprima o botão marrom, depois o vermelho novamente. Repita a operação até conseguir a linha.
— Obrigado, senhorita...
— De nada. Desligo.
— Escute!
— Às suas ordens.
— Olhe. Por favor, não pense que eu estou sendo indiscreto, mas é que não reconheci a sua voz. Você é nova no escritório? Alô?

— Às suas ordens.

— Eu só queria esta informação...

— Informação: comprima o "zero" no painel. Aguarde. Quando ouvir o sinal eletrônico, declare a informação desejada. Fale pausadamente.

— Não, não. Eu só queria saber... Em primeiro lugar, o que é que você está fazendo aqui até esta hora? Todo mundo já foi para casa. Já sei, é seu primeiro dia, você ainda está desambientada. Mas não precisa exagerar. Ninguém me disse que iam contratar uma nova telefonista. Aliás, me disseram que com este novo sistema, não precisava de telefonista. Você não responde?

— Às suas ordens.

— Só me diga seu nome. Olhe, não sei o que lhe disseram a meu respeito, mas eu não sou um patrão duro, não. Só fico até esta hora no escritório porque, francamente, este é o lugar onde me sinto melhor. Minha mulher nem fala mais comigo. Me sinto muito melhor aqui, na minha mesa, na minha poltrona giratória, as minhas coisas, agora este novo telefone... Entendeu? Não sei por que estou contando tudo isto para você. Ah, é para você não ter medo de conversar comigo. Sou absolutamente inofensivo. As funcionárias deste escritório, para mim, fazem parte da mobília, entende? Jamais faltei com o respeito com nenhuma delas. Aliás, jamais faltei com o respeito com mulher nenhuma, ouviu? Você não tem nada para me dizer?

— Não há mensagens.

— O quê?

— Às suas ordens.

— Mas eu sou um animal. Você é uma gravação! Agora entendi. E eu aqui falando sozinho... Mas sabe que você tem uma voz linda?

— Às suas ordens.

— Quero fazer amor com você. Agora. Aqui. Em cima da mesa. Com a sua cabeça atirada para trás, por cima do calendário eletrônico. Com o jogo de canetas de acrílico espetando as suas costas. E você rindo, selvagemente, de prazer e de dor. Depois rolaremos pelo carpete como dois loucos. Como duas feras. Derrubaremos a mesa do café.

— Café: comprima o botão rosa.

— Ahn. Diz de novo. Comprima o botão rosa. Diz. Café.

— Café: comprima o botão rosa.

— Meu amor, minha paixão. Café.

— Café: comprima o botão rosa.

— Quero passar o resto da minha vida ouvindo a sua voz e comprimindo o seu botão rosa. Nunca mais preciso sair do escritório. Só nós dois. Quero fazer tudo com você. Tudo! Você deixa?

— Às suas ordens.

Explícito

— Mas que barbaridade...
— Que pouca vergonha!
— Como é que deixam?
— Olha só!
— Mas... Isso já é demais.
— Olha ali! Olha ali!
— Aquilo não pode ser o que eu estou pensando.
— É.
— Não é.
— Claro que é.
— Deve ser truque.
— Mas que truque?
— É de verdade?
— É, minha filha...
— Vamos falar mais baixo que já tem gente olhando pra trás...
— Eu disse que nós não devíamos ter vindo.

— Mas eu nunca pensei que... Olha lá!
— Shhhhh...
— Quando eu vi no jornal "explícito"...
— Muita gente já tinha me falado, mas eu não quis acreditar.
— Os cartazes eram escandalosos.
— As fotografias nos jornais eram terríveis.
— Só com as fotos na frente do cinema já fiquei indignada.
— Pouca vergonha.
— Barbaridade.
— O que é aquilo?
— É... Meu Deus. Será mesmo?
— Eu acho que é.
— Isso é o limite!
— Shhhh...
— Bem que o porteiro nos avisou.
— Depois das fotos na rua, nem precisava ter avisado.
— E depois se queixam que ninguém vem ao cinema. Para ver essa bandalheira?
— É... Olha ali. O que é que eles vão fazer? Ai, meu Deus.
— O que é que esses dois estão nos aprontando?
— E o cachorro. Fica de olho no cachorro que numa dessas ele... Eu não disse?
— O cachorro também! Mas não respeitam mais nada.
— Por que as senhoras não vão para casa?
— Está falando comigo?
— Não dá conversa. Não dá conversa.
— Vão pra casa.
— Vai tu.
— Não te rebaixa. Imagina o tipo de gente que vem ver filme como esse.

— O que foi que houve? Fui falar com esse mal-educado e perdi a metade.

— O cachorro pegou e... Olha lá!

— Shhhh!

— O que é que ela vai fazer com o pincel atômico?

— Eu vou embora.

— Boa!

— Cala a boca, metido. Eu não vou a lugar nenhum.

— Olha ali!

— Eu sabia. Quando ela pegou o pincel...

— Barbaridade.

— Eu não agüento mais. Todo filme "explícito" que a gente vem ver é a mesma bandalheira. Este é o último.

— Eu acho que a gente devia ir embora.

— Espere um pouquinho. Me disseram que tem uma cena com um anão na maionese que é um pavor.

— Shhhh!

Pílulas

No fim, somos todos criaturas da química, e uma das grandes conquistas da ciência neste fim de século foi controlar a química que nos controla. Assim muitos problemas "psíquicos", sinônimo para o que não tinha explicação orgânica ou solução farmacêutica, passaram a ser tratados quimicamente. Mais importante, descobriram-se soluções químicas para problemas que antes só eram resolvidos com bruxaria ou prótese, como a impotência. O Viagra é o grande símbolo do novo domínio do homem sobre os seus sistemas e tecidos, eréteis ou não.

Mas se o Viagra acaba com o problema, assim, instrumental, não resolve todas as queixas de uma relação sexual. Muitas mulheres sustentam que mais importante do que um pênis ereto é um parceiro solícito e carinhoso. Falta a pílula da consideração, o Viagra do antes. Por que não uma pílula cujo efeito imediato no homem seria fazê-lo mandar flores, propor um jantarzinho, quem sabe um cineminha e depois ficar uma hora na cama fazendo beijo de esquimó e falando coisas como "diz going-going-going, diz"? Em vez de só esperando o Viagra fazer efeito para gritar "acho que deu!", e pimba. As mulheres também reclamam do desinteresse do homem depois do sexo. Falta um Viagra Pós-Coital que estimule a conversa filosófica, a reflexão a dois, até um debate crítico, qualquer coisa para evitar que ele simplesmente vire para o lado e durma, ou pegue o controle remoto.

Ainda não se sabe exatamente como funcionam, em nosso corpo, coisas como a honestidade e o sentimento ético, mas podem muito bem ser processos químicos também. Assim, seria possível as pessoas compensarem suas deficiências neste terreno com pílulas.

Imagine se deputados e senadores conscientes tivessem acesso a viagras morais como a pílula da fidelidade partidária, que asseguraria não apenas a sua resistência a qualquer tipo de aliciamento como a confiança do seu eleitorado na sua coerência. A História do Brasil seria outra.

Mas antes, claro, teria que haver uma pílula de consciência.

Laurita

A Laurita é uma mulher amarga e filosófica, e tem suas razões. Ele chamava-se Candiota e, semanas antes do casamento marcado, disse para Laurita que iria abandoná-la.

— É outra? — perguntou Laurita, soerguendo-se na cama. (Nota pessoal do autor: sempre gostei muito de "soerguer-se", mas tive poucas chances de usá-lo. Agradeço a oportunidade. Um abraço nos meus familiares. Segue a história.)

— Não — respondeu Candiota —, é Outro.

Como não percebeu o O maiúsculo, Laurita pensou que o Candiota, logo o Candiota, um homem tão reto, fosse homossexual. Mas Candiota apressou-se a corrigir o engano. O Outro era o Senhor.

— Fui chamado pelo Senhor.

Deus o convocara para seu ministério e Candiota não podia ter qualquer distração na sua luta contra o demônio, muito menos a Laurita, com seus mamilos tipo medalhão. Laurita não casou com o Candiota e com mais ninguém. Renunciou à sua missão, que era reproduzir tantos Candiotas quantos pudesse para ajudar o Brasil, em favor da missão do Candiota, de combater o demônio em todas as suas manifestações.

Anos depois, num baile de carnaval, Laurita julgou identificar o Candiota num grupo de homens fantasiados de legionários romanos que circulavam pelo salão com mulheres seminuas sentadas sobre os ombros. Não pôde ter certeza de que era o Candiota porque ele era o único que segurava a mulher ao contrário e tinha a cara enterrada entre as suas coxas.

Talvez não fosse o Candiota. Talvez fosse o Candiota e ele estivesse numa missão secreta para o Senhor, em território inimigo. Talvez fosse o Candiota e ele tivesse mentido para ela. Talvez fosse o Candiota e... O homem depositou a mulher que tinha sobre os ombros em cima de uma mesa, e Laurita viu que era o Candiota. Gritou para ele:

— Candiota, e a sua luta contra o demônio?

E então Candiota virou-se, avistou Laurita, abriu os braços dramaticamente e respondeu:

— Ele venceu!

Foi depois disso que a Laurita ficou assim, amarga e filosófica.

O travesseiro de Lenny Bruce

O cômico americano Lenny Bruce tinha um monólogo sobre pornografia e hipocrisia envolvendo os usos do travesseiro. Qualquer criança americana podia ver no cinema ou na TV um travesseiro sendo usado para sufocar alguém até a morte. Terror mesmo era quando o travesseiro aparecia numa cena como a que Bruce descrevia dramaticamente. Um homem aproxima-se de uma mulher deitada na cama, segurando um travesseiro. O que vai fazer com o travesseiro? A mulher está sorrindo. Parece não saber o fim que a espera. O homem aproxima-se mais. Também está sorrindo. Ajoelha-se na cama. Levanta o corpo da mulher e... Meu Deus! Coloca o travesseiro sob o corpo da mulher! E começa a penetrá-la! A mulher geme, mas não é de dor. Em vez de usar o travesseiro para um fim socialmente aceitável como matar a mulher, o homem o está usando para aumentar seu prazer. Os dois estão se amando! Tirem as crianças da sala!

Não tem nada a ver, mas sempre penso no travesseiro do Lenny Bruce quando vejo fotos de vítimas de alguma atrocidade em que seus corpos nus aparecem com os órgãos genitais artificialmente tapados. A intenção editorial pode ser nobre, a de poupar o massacrado da indignidade adicional da exposição pública. Mas há algo de insólito, de tragicamente cômico, neste pudor seletivo. É como se, numa cena que não nos poupa nada da selvageria da nossa espécie, num quadro de degradação humana completa — seja o de um linchado na África ou de chacinados numa prisão aqui perto —, selecionassem um ponto de resistência e respeito aos sentimentos, e esse ponto fosse justamente o recato sexual, para não chocar ninguém. As crianças podem saber do terror do mundo como ele é, desde que não vejam o pipi.

Conselho de mãe

Conselhos que mães dão para filhas antes do casamento fazem parte do folclore de todos os povos. Variam de cultura para cultura e mudam com o tempo, pois o que uma filha de antigamente ouvia da mãe, quando havia pelo menos uma presunção de virgindade, era muito diferente do que ouve hoje. Como não há mais nada a ser ensinado sobre as surpresas e as artimanhas de uma noite de núpcias — a não ser o que a filha pode ensinar à mãe — os conselhos devem tratar de aspectos práticos da vida em comum com um homem. Ou com um marido, que é o homem no cativeiro, portanto, ainda mais perigoso. Por exemplo.

É importantíssimo estabelecer, desde o primeiro minuto de um casamento, os perímetros de poder de cada um.

— Importantíssimo, minha filha. Escute.

— Estou escutando, mamãe.

— Acabou a lua-de-mel. É o primeiro dia do casamento real. Deste momento em diante, vocês não são mais apenas duas pessoas apaixonadas. São coabitantes.

— Certo, mamãe.

— Entende? Coabitantes. Vão ocupar o mesmo espaço, e o espaço é que define a relação entre as pessoas. Não é a cama. A cama é um espaço para tréguas, negociações, troca de prisioneiros etc. O verdadeiro espaço em que se decide um relacionamento é fora da cama. É tudo que não é cama. Você está me ouvindo?

— Estou, mamãe.

— Muito bem. É o primeiro dia normal de vocês. O primeiro em que vocês passarão mais tempo fora da cama do que na cama. O dia em que começará a se delinear a rotina do seu casamento, as regras implícitas da sua coabitação. Você precisa deixar claro o seu perímetro de poder, desde o primeiro momento. Como um bicho marcando, com a urina, os limites do seu território.

— Ai, mamãe!

— O assunto é sério, minha filha. Escute. Primeiro dia normal. Você precisa definir o seu espaço. Cravar a sua bandeira antes que ele crave a dele. O que você faz?

— Ahn... Ocupo todo o armário do banheiro com as minhas coisas.

— Não.

— Exijo uma linha de telefone só pra mim.

— Não.

— O quê, então?

— O controle remoto.

— O controle remoto?!

— Da televisão. Apodere-se dele. É o seu alvo prioritário. Sua primeira ação. Sua cabeça-de-ponte. Quem domina o controle remoto da televisão, domina o casamento. Você está me ouvindo? Defenda a sua posse do controle remoto a qualquer custo. Ceda em outras coisas, ofereça compensações. Mas não largue o controle remoto. Quando sair, leve o controle remoto com você. Durma com ele embaixo do travesseiro, ou acorrentado ao seu pulso. Use-o pendurado no pescoço.

— Como é que eu vou andar com um controle remoto de televisão pendurado no pescoço, mamãe?

— Você quer elegância ou um casamento que dê certo? E quem sabe? Você pode lançar uma moda.

— Não sei...

— Minha filha, ouça o que eu digo. Não faça o que eu fiz. Deixei que seu pai assumisse o controle remoto desde o primeiro dia, e ele nunca mais largou. Minha vida tem sido um inferno. Sabe por quê? Porque minha mãe não me avisou. Ela era do tempo em que essas coisas nem eram discutidas. Deus me livre, falar sobre controle remoto com o meu pai. Ele era capaz de me expulsar de casa.

— Pensando bem, o papai não larga mesmo o controle...

— Seu pai não viu mais de cinco segundos de nenhum programa nos últimos dez anos. Até dormindo ele muda de canal, o dedão não pára. Só posso acompanhar minhas novelas em segmentos de cinco segundos, de cinco em cinco minutos. Confundo tudo. Na outra noite, achei que a Jade estava de caso com um macaco do *Discovery Channel*.

— Acho que você tem razão, mamãe...

— Pegue o controle remoto, minha filha!

***

Meses depois:

— Minha filha, eu não queria lhe contar isso, mas seu marido foi visto saindo de um motel ontem à noite.

— Eu sei, mamãe.

— Você sabe?!

— Ele vai sempre que tem futebol. Para ver na televisão, sozinho.

— Ah, bom. E o controle remoto, minha filha?

— Pendurado no pescoço. E sabe que muitas das minhas amigas estão usando também?

Revolução

Notícias de homens processados nos Estados Unidos por assédio sexual quando só o que fizeram foi uma gracinha ou um gesto são vistas aqui como muito escândalo por pouca coisa e mais uma prova da hipocrisia americana em matéria de sexo. A hipocrisia existe, mas o aparente exagero tem a ver com a luta da mulher americana para mudar um quadro de pressupostos e tabus tão machistas lá quanto em qualquer país latino, e que só nos parece exagerada porque ainda não chegou aqui com a mesma força. As mulheres americanas não estão mais para brincadeira, em nenhum sentido.

A definição de estupro é a grande questão atual. Discute-se, por exemplo, o que chamam de *date rape*, que não é o ataque sexual de um estranho ou sexo à força mas o programa entre namorados ou conhecidos que acaba em sexo com o consentimento relutante da mulher. Ou seja, sedução também pode ser estupro. Isso não é apenas uma novidade, é uma revolução. O homem que se criou convencido de que a mulher resiste apenas para não parecer "fácil" não está preparado para aceitar que a insistência, a promessa e a chantagem sentimental ou profissional são etapas numa escalada em que o uso da força, se tudo o mais falhar, está implícito. E que muitas vezes ele está estuprando quem pensava estar convencionalmente conquistando. No dia em que o homem brasileiro aceitar isso, a revolução estará feita e só teremos que dar graças a Deus por ela não ser retroativa.

A verdadeira questão para as mulheres americanas é que o homem pode recorrer a tudo na sociedade — desde a moral dominante até as estruturas corporativas e de poder — para seduzi-las, que toda essa civilização é no fundo um álibi montado para o estupro, e que elas só contam com um "não" desacreditado para se defender.

Estão certas.

É nessas horas

Brochar é humano. Não fique aí pensando que só porque você falhou uma vez a vida não tem mais sentido. Convença-se de que você não é mais um garoto e que nenhum de nós ainda tem o tesão de seminaristas aos sábados que tinha na adolescência, aquela época da vida em que mulher era uma necessidade tão grande que acabava sendo desnecessária, pois qualquer coisa era mulher: colchão, almofada, mão, até prima de óculos. Certifique-se de que a causa do fracasso não é psicossomática, como uma identificação subliminar sua com a política energética do governo. Converse com seu pênis a respeito. Vocês têm intimidade suficiente para tratar do assunto sem embaraços. Cresceram juntos, participaram de farras juntos, não têm segredos um para o outro. Acima de tudo, não lhe faça ameaças. Não o intimide. A cobrança excessiva pode ser uma das causas do problema. Ele também é humano. Muitas vezes é exigido em circunstâncias difíceis. Quando é chamado a agir sem qualquer aviso prévio, por exemplo. Está lá, descansadão, pensando em outra coisa, e de repente é surpreendido pelo barulho do zíper e tem que se mobilizar às pressas.

— Como eu podia saber que iam precisar de mim? Vocês ainda estavam no elevador!

— Ela não quis esperar. Me surpreendi tanto quanto você. Mas isso não é desculpa. Você tem que estar de sobreaviso. Sempre alerta. Afinal, só serve para duas coisas. Não pode se queixar de acúmulo de funções.

— Eu sei, eu sei, mas assim não dá. Eu preciso de aquecimento, meu velho. Preciso das preliminares. Uma musiquinha, uma bebidinha, uns beijinhos...

— O fato é que ela procurou, procurou e não encontrou nada.

— Mas não precisava ter dito aquilo.

— O quê?

— "Cadê?"

— É. O "cadê" foi mortal... Enfim, agora é tarde.

— Olha, foi melhor ela ter ido embora. Vi que não era uma pessoa legal pelo jeito como me tratou. É nessas horas que se descobre quem tem bom coração.

— Mas que não aconteça outra vez.

— Certo. Mas da próxima vez, dá um sinal, pô. Assovia, sei lá.

Substituto de mulher

Não podemos viver sem elas. Ou podemos? A verdade é que nos convencemos de que nada substitui a mulher, mas passamos a vida inteira substituindo-a, de um jeito ou de outro, por gosto ou necessidade.

A primeira substituição é feita à traição. É quando deixamos de mamar no peito. Quando a mamata, que a gente pensa que vai ser eterna, acaba, arbitrariamente. Não perguntam se queremos, não nos dão escolha. Substituem a nossa primeira mulher por uma mamadeira.

Depois de um período em que temos todas as mulheres de que precisamos — uma mãe em casa, uma avó ou duas, várias professoras e 17 namoradas, embora nenhuma delas saiba disso —, chega a adolescência, quando as palavras "sexo oposto" subitamente revelam o seu verdadeiro sentido. Então qualquer coisa substitui mulher. Começando pela própria mão e incluindo hortifrutigranjeiros, móveis estofados e até animais.

Depois vem a fase em que qualquer jovem adulto, a não ser que tenha algum problema físico ou seja da TFP, não troca mulher por nada neste mundo — salvo por outros jovens adultos, se sua preferência for essa. Num casamento normal, o único substituto de mulher que um homem admite é outra mulher. Há casos de homens que vão para motéis com bonecas infláveis — inclusive modelos japoneses que, dependendo do botão que você aperta, dizem "Yes, yes, YES!", ou buscam coisas do frigobar —, mas há quem diga que a mulher inflável não é um substituto, é um aperfeiçoamento.

Triste mesmo é a fase em que o homem se pergunta se a comida congelada e o forno microondas não tornaram a mulher, finalmente, obsoleta. Para o que mais servia mulher, mesmo? E então ele se lembra. É verdade, servia para outra coisa. Mas sempre pode-se comprar um daqueles bastões com uma mãozinha na ponta para coçar as costas.

Coleção Verissimo

AS MENTIRAS QUE OS HOMENS CONTAM
Os homens não mentem, no máximo inventam histórias para proteger as mulheres que os cercam – mães, namoradas, esposas, amigas. Como um arguto observador do cotidiano, Verissimo nos apresenta uma divertida galeria de mentirosos que dizem qualquer coisa para preservar a própria espécie – 166 págs.

A MESA VOADORA
Estamos no topo da cadeia alimentar dos bichos de sangue quente e somos da categoria dos predadores: comemos de tudo, da baleia ao *escargot*. Assim Verissimo analisa a espécie, nos ajuda a compreender fomes diversas e alivia culpas, se elas ainda existirem. Um livro para ser degustado com alegria e prazer – 152 págs.

COMÉDIAS PARA SE LER NA ESCOLA
Para gostar de ler, eis a sugestão: textos curtos, fáceis, divertidos, escritos numa linguagem clara e parecida com a que a gente fala todo dia. Assim são os textos de Verissimo, selecionados pela escritora Ana Maria Machado, especialmente para o leitor jovem – 145 págs.

SEXO NA CABEÇA
Quando o assunto é sexo, não faltam histórias e confissões apaixonadas. Afinal quem não se lembra da primeira vez? Quem também já não foi protagonista de alguma cena que preferia apagar da memória da humanidade? Sexo na cabeça reúne 47 das melhores histórias escritas por Verissimo sobre o assunto – 148 págs.

TODAS AS HISTÓRIAS DO ANALISTA DE BAGÉ
Um dos personagens mais queridos do público. Um clássico do humor nacional. O livro reúne os melhores momentos do célebre psicanalista que trata seus pacientes aos joelhaços – 80 págs.

Conheça mais sobre nossos livros e autores no site
www.objetiva.com.br
Disque-Objetiva: (21) 2233-1388

Este livro foi impresso na
LIS GRÁFICA E EDITORA LTDA.
Rua Felício Antonio Alves, 370 – Jd. Triunfo – Bonsucesso
CEP 07175-450 – Guarulhos – SP – Fone. (0xx11) 6436-1000
Fax.: (0xx11) 6436-1538 – E-Mail: lisgraf@uninet.com.br